中等职业学校酒店服务与管理类规划教材

中餐服务

（第2版）

■王利荣　主编　■刘秋月　汪珊珊　副主编

U0361185

清华大学出版社
北　京

内 容 简 介

中餐服务是我国餐饮文化的重要部分，是旅游业中酒店服务的重要组成。本书贯彻"服务发展、促进就业"的职业教育要求，围绕中餐服务各个岗位的实际工作，以任务为引领，以学生自学和训练为主导，努力达到提高学生职业能力和职业素养的目标，涵盖了认识中餐服务、中餐零点服务、中餐宴会服务、团队用餐服务、送餐服务等内容。

本书可作为中等职业学校酒店服务与管理专业的教材，也可供餐饮企业、酒店员工培训及相关人士学习参考。

图书在版编目(CIP)数据

中餐服务 / 王利荣 主编 . —2 版 . —北京：清华大学出版社，2019（2022.12 重印）
（中等职业学校酒店服务与管理类规划教材）
ISBN 978-7-302-53376-4

Ⅰ . ①中…　Ⅱ . ①王…　Ⅲ . ①中式菜肴—餐厅—商业服务—中等专业学校—教材　Ⅳ . ① F719.3

中国版本图书馆 CIP 数据核字 (2019) 第 169275 号

责任编辑：王燊娉
封面设计：赵晋锋
版式设计：方加青
责任校对：牛艳敏
责任印制：沈　露

出版发行：清华大学出版社
　　　　　网　　　址：http://www.tup.com.cn, http://www.wqbook.com
　　　　　地　　　址：北京清华大学学研大厦 A 座　　　邮　　编：100084
　　　　　社 总 机：010-83470000　　　　　邮　　购：010-62786544
　　　　　投稿与读者服务：010-62776969, c-service@tup.tsinghua.edu.cn
　　　　　质 量 反 馈：010-62772015, zhiliang@tup.tsinghua.edu.cn
印 装 者：三河市君旺印务有限公司
经　　销：全国新华书店
开　　本：185mm×260mm　　　印　　张：13.75　　　字　　数：283 千字
版　　次：2011 年 8 月第 1 版　2019 年 9 月第 2 版　　　印　　次：2022 年 12 月第 4 次印刷
定　　价：59.00 元

产品编号：080474-01

丛书编委会

丛书序

以北京市外事学校为主任校的北京市饭店服务与管理专业委员会，联合了北京和上海两地12所学校，与清华大学出版社强强联手，以教学实践中的第一手材料为素材，在总结校本教材编写经验的基础上，开发了本套《中等职业学校酒店服务与管理类规划教材》。北京市外事学校是国家旅游局旅游职业教育校企合作示范基地，与国内多家酒店有着专业实践和课程开发等多领域、多层次的合作，教材编写中，聘请了酒店业内人士全程跟踪指导。本套教材的第一版于2011年出版，使用过程中得到了众多院校师生和广大社会人士的垂爱，再版之际，一并表示深深的谢意。

中国共产党第二十次全国代表大会报告强调，要"优化职业教育类型定位"，"培养造就大批德才兼备的高素质人才，是国家和民族长远发展大计"。近年来，酒店业的产业规模不断调整和扩大，标准化管理不断完善，随之而来的是对其从业人员的职业素养要求也越来越高。行业发展的需求迫使人才培养的目标和水平必须做到与时俱进，我们在认真分析总结国内外同类教材及兄弟院校使用建议的基础上，对部分专业知识进行了更新，增加了新的专业技能，从教材的广度和深度方面，力求更加契合行业需求。

作为中职领域教学一线的教师，能够静下心来总结教学过程中的经验与得失，某种程度上可称之为"负重的幸福"，是沉淀积累的过程，也是破茧成蝶的过程。浮躁之风越是盛行，越需要有人埋下头来做好基础性的工作。这些工作可能是默默无闻的，是不会给从事者带来直接"效益"的，但是，如果无人去做，或做得不好，所谓的发展与弘扬都会成为空中楼阁。坚守在第一线的教师们能够执着于此、献身于此，是值得被肯定的，这也应是中国职业教育发展的希望所在吧。

本套教材在编写中以能力为本位、以合作学习理论为指导，通过任务驱动来完成单元的学习与体验，适合作为中等职业学校酒店服务与管理专业的教材，也可供相关培训单位选作参考用书，对旅游业和其他服务性行业人员也有一定的参考价值。

这是一个正在急速变化的世界，新技术信息以每2年增加1倍的速度增长，据说《纽约时报》一周的信息量，相当于18世纪的人一生的资讯量。我们深知知识更新的周期越来越短，加之编者自身水平所限，本套教材再版之际仍然难免有不足之处，敬请各位专家、同行、同学和对本专业领域感兴趣的学习者提出宝贵意见。

2022年12月

前 言

中餐服务是我国餐饮文化的重要部分，是旅游业中酒店服务的重要组成。随着餐饮业的飞速发展，餐饮市场对从业人员的素质要求也不断提高。本书在编写过程中，贯彻"服务发展、促进就业"的职业教育要求，编排与实际工作相结合的教材体系，围绕中餐服务各个岗位的实际工作，以任务为引领，以学生自学和训练为主导，努力达到提高学生职业能力和职业素养的目标。

本书分为5个单元，每个单元由若干任务组成，任务下设有若干活动，由工作情境、具体工作任务、信息页、任务单和任务评价等部分组成，还有一些知识链接、服务链接等内容，添加了大量知识点和新信息。本书体例新颖、图文并茂，注重学生活动与自主学习，编写过程中力求体现以下特点。

1. 内容丰富实用。在编写过程中遵循中餐服务的规律和特点，结合各岗位的工作实际，全面考虑中餐服务的内容、对象及发展趋势，体现中餐服务岗位流程及行业标准要求，具有前瞻性、实用性。

2. 任务驱动实践。以真实的工作任务为驱动，模拟各种职业活动，在活动中进行中餐服务知识、技能、方法、态度的学习和训练，使学生在实践的过程中提高职业能力和素养。

3. 注重自主学习。在任务单、信息页的引领下，便于学生主动参与教学全过程，充分体现"做中学"的特点，有利于学生学习能力的提高。

本书可作为中等职业学校酒店服务与管理专业师生的教材，也可供餐饮企业、酒店员工培训及相关人士学习参考。

本书由王利荣任主编，刘秋月、汪珊珊任副主编。刘秋月编写单元一，葛顺英编写单元二，赵春艳编写单元三，汪珊珊编写单元四，王利荣编写单元五。本书在编写过程中得到了企业专家的指导和支持，在此表示感谢。

由于编者水平有限、经验不足，书中难免存在不足之处，敬请广大专家和读者批评指正。

编者

2019年4月

目　录

| 单元一　认识中餐服务 |

任务一　走进餐饮部 ·· 2
活动一　认识餐饮部 ··· 2
活动二　做优秀的餐饮部员工 ··· 7
任务二　体验中餐服务 ·· 10
活动一　认识餐饮服务 ··· 10
活动二　探寻中餐服务 ··· 13
任务三　认识中餐菜单 ·· 17
活动一　认识零点菜单 ··· 17
活动二　认识宴会菜单 ··· 23
任务四　认识中餐菜肴 ·· 27
活动一　认识八大菜系 ··· 27
活动二　认识地方特色菜系 ··· 31

| 单元二　中餐零点服务 |

任务一　餐前准备工作 ·· 40
活动一　零散客人预订服务 ··· 40
活动二　服务形象 ··· 44
活动三　餐前准备 ··· 46
任务二　迎宾接待服务 ·· 58
活动一　迎宾引领服务 ··· 58
活动二　餐前接待服务 ··· 61
任务三　点菜服务 ·· 63
活动一　进行点菜服务 ··· 64

活动二　点菜服务技巧 ·· 67

任务四　酒水服务 ·· 70

活动一　白酒服务 ·· 71

活动二　啤酒服务 ·· 74

活动三　葡萄酒服务 ·· 77

活动四　饮料服务 ·· 80

任务五　菜肴服务 ·· 82

活动一　上菜服务 ·· 83

活动二　特殊菜肴服务 ·· 85

任务六　餐间服务 ·· 88

活动一　撤换餐酒具服务 ·· 88

活动二　撤换用具服务 ·· 90

活动三　餐间其他服务 ·· 91

任务七　结账送客服务 ·· 93

活动一　结账服务 ·· 94

活动二　送客服务 ·· 96

任务八　餐后结束工作 ·· 97

活动一　餐后整理 ·· 98

活动二　工作小结 ·· 99

单元三　中餐宴会服务

任务一　宴会预订服务 ·· 104

活动一　接受宴会预订 ·· 104

活动二　落实宴会预订 ·· 110

任务二　宴会前的准备 ·· 113

活动一　领会宴会通知单 ·· 114

活动二　宴会厅布置与摆台 ·· 120

活动三　宴会物品准备 ·· 140

活动四　宴会前的检查 ·· 142

任务三　宴会席间服务 ·· 145

活动一　宴会入席服务 ·· 145

活动二　酒水服务 ·· 151

活动三 菜肴服务·······················156
活动四 席间其他服务···················162
任务四 **宴会特殊情况处理**···········**165**
活动一 特殊宴会客人服务···············166
活动二 宴会席间常见问题的处理·········168
活动三 宴会席间突发事件的处理·········170
任务五 **宴会结束工作**···············**172**
活动一 宴会送客服务···················172
活动二 宴会整理工作···················174

|单元四 团队用餐服务|

任务一 **团队用餐的准备工作**·········**178**
活动一 了解团队用餐预订单·············178
活动二 团队用餐准备工作···············181
任务二 **团队用餐服务**···············**184**
活动一 团队早餐服务···················185
活动二 团队午晚餐服务·················187

|单元五 送餐服务|

任务一 **送餐准备**···················**192**
活动一 客房送餐预订服务···············192
活动二 客房送餐准备···················194
活动三 外卖送餐准备···················195
任务二 **送餐服务**···················**199**
活动一 客房与外卖送餐服务·············199
活动二 收餐服务·······················203

参考文献·······························205

认识中餐服务

　　我国的餐饮文化不仅延续了烹饪文化的传奇，更是餐饮礼仪、就餐习俗的演变和传承。在我国餐饮发展历史中，由于受地理、气候、风俗、民情、经济等因素的综合影响，形成了独特的饮食习惯与奇妙的烹饪方法，"南甜、北咸、东辣、西酸"——随地域而变化万端，也形成了自己独特的菜系文化。伴随着烹饪文化的发展，餐饮服务也在不断变化和发展，并逐渐形成了独具特色的中餐服务。

任务一 **走进餐饮部**

工作情境

　　餐饮部是弘扬民族饮食文化、彰显酒店经营特色的重要部门，餐饮部的美酒佳肴不仅可以满足宾客的基本需求，还有助于宾客领略各国的饮食文化，从中获得精神享受，促进来自五湖四海宾客之间的友谊。作为餐饮部的一名员工，请先走进酒店的餐饮部，感受一下餐饮部的魅力吧。

具体工作任务

* 了解餐饮部的地位和作用；
* 认识餐饮部的组织与职能；
* 理解餐饮部对员工的素质要求。

活动一 认识餐饮部

　　作为餐饮部的一名员工，你了解餐饮部吗？从下面的信息页中，你就能找到答案。

信息页一 认识餐饮部

　　酒店的餐饮部门负责为客人提供优质的食品、饮料和良好的服务，承担着宴会、酒会、茶话会、冷餐会、零点、包餐、客房送餐、酒吧等各项服务任务。酒店餐饮部的餐饮产品是有形产品(食品、饮料等)和无形产品(烹饪技艺、餐厅服务等)的有机结合。餐饮服务是酒店服务的重要组成部分，餐饮服务水平和特色在很大程度上反映了酒店的总体服务水平和特色。因此，餐饮部不仅是酒店重要的组成部分，也是满足客人需要必不可少的服务部门，还是构成酒店主要经济来源的营业部门之一。

　　认识餐饮部首先从认识餐饮部的组织结构开始。熟悉餐饮部的组织与职能，有助于餐饮工作人员明确自己的位置，更好地进行沟通与协调。

　　酒店的规模、等级、服务内容、服务方式、管理模式等方面决定了酒店餐饮部的组成。通常情况下，餐饮部包括厨房部、餐厅部、宴会部、管事部等部门，如图1-1-1所示。

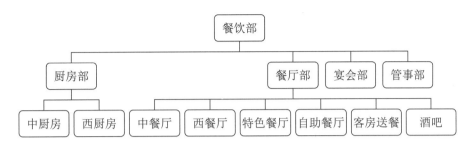

图1-1-1 餐饮部的组织结构

厨房部是主要生产部门，负责整个酒店所有中西菜点的准备和烹制，还负责厨师培训、菜点创新、食品原料采购计划的制订及餐饮成本控制等工作。

餐厅部是为宾客提供食品、饮料以及良好服务的公共场所。

宴会部为宾客提供理想的活动场所，接受宾客委托，组织各种类型的宴会、酒会、招待会等，并根据宾客的要求制定菜单、布置厅堂，为宾客提供完整的宴会服务。

管事部也称为后勤部门，负责厨房、餐厅、酒吧等的卫生打扫，以及所有餐具、器具的洗涤、消毒、存放、保管和控制，还要负责清洁人员的业务培训和水平提高等业务。

餐饮部的员工组织关系包括餐饮部总监、办公室文员、行政总厨、餐厅经理、领班、员工等，下级要服从上级的领导，如图1-1-2所示。

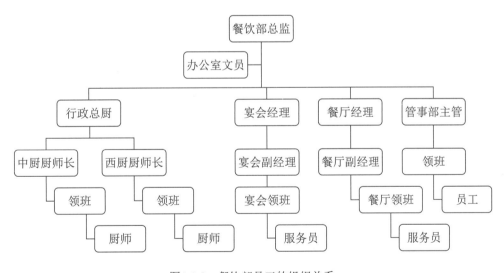

图1-1-2 餐饮部员工的组织关系

任务单一 认识餐饮部

一、请回忆到星级酒店或酒楼就餐的经历，你对餐厅的环境、卫生、设备、酒水菜肴和服务感受如何？你享受到了哪些服务？

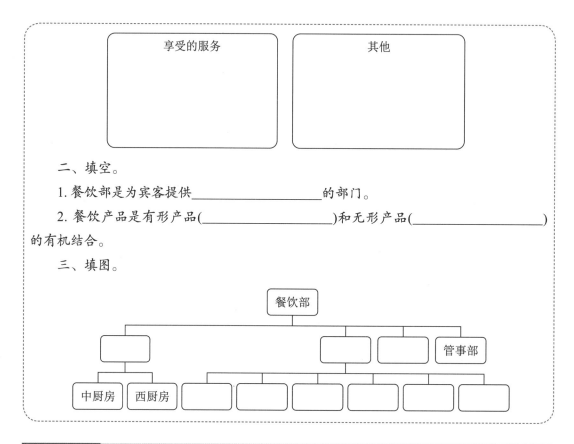

二、填空。

1. 餐饮部是为宾客提供_____的部门。

2. 餐饮产品是有形产品(_____)和无形产品(_____)的有机结合。

三、填图。

信息页二 认识餐饮部各部门

一、餐厅

餐厅是通过出售服务、菜肴、饮品来满足宾客饮食需求的场所。根据餐厅提供的食品、饮料和服务不同，可以将其分为以下几类。

1. 中餐厅

中餐厅是星级酒店的主要就餐场所，一般经营粤、川、苏、鲁、京等中国菜肴，向客人提供不同规格、档次的中式餐饮服务，如图1-1-3所示。

2. 特色餐厅

特色餐厅是中餐厅的一种，因其供应的菜肴富有特色而区别于一般餐厅。特色餐厅一般专营某一类菜肴，或地方菜，或某一时期与民族的菜肴，或以某种烹调方法为主的菜肴等，通常以小餐厅或包厢为主，如图1-1-4所示。

图1-1-3　中餐厅　　　　　　　　　　　　图1-1-4　特色餐厅

(1) 风味餐厅：是一种专门制作富有地方特色菜式的食品餐厅，这些餐厅在取名上也颇具地方特色。

(2) 海鲜餐厅：是以鲜活海、河鲜产品为主要原料烹制食品的餐厅。

(3) 古典餐厅：这类餐厅无论装饰风格、服务人员的服饰风格、服务方式，还是所供应的菜点均为古典风格。而且它的古典风格往往具有某一时代的典型特点，如唐代、宋代、明代、清代等。

(4) 主题餐厅：是通过一系列围绕一个或多个历史或其他主题为吸引标志，向宾客提供饮食所需的基本场所。

(5) 旋转餐厅：是一种建在高层酒店顶楼的观景餐厅。一般提供自助餐，当然也提供点菜或饮料点心的服务。旋转餐厅一般1小时至1小时20分钟旋转一周，客人就餐时可以欣赏窗外的景色。

3. 西餐厅

西餐厅大多以经营法、意、德、俄式菜肴为主，同时兼容并蓄，其中又以高档法式餐厅最为典型，如图1-1-5所示。目前，除了大酒店和高级牛排馆还保持传统西餐和风味外，一般西餐厅已经是形式多样，追求情调和个性了。

4. 咖啡厅

酒店中的咖啡厅客流量大，服务要求快捷简便。其为客人提供各式早餐和简单的午晚餐，有的也提供自助餐。菜单除了有常年供应品种外，还要有每日的特餐，供应品种可以少，但质量要求一定要高。咖啡厅营业时间较长，一般从早晨6时到凌晨1时。

5. 自助餐厅

自助餐厅是厨师将准备好的中西式菜肴分类摆放在自助餐台上，客人拿着餐碟可自行拿取食物的餐厅。它的特点是客人自助服务，服务员不用为客人点菜，其他服务视餐厅具体情况而定，如自助餐中不包括免费饮料的，则服务员应提供相应的酒水服务。在客人就餐过程中，服务员的主要工作是清理客人用完的餐碟，保持自助餐台的整洁和美观，如

图1-1-6所示。

图1-1-5　西餐厅　　　　　　　　　　　图1-1-6　自助餐厅

6. 客房送餐

酒店为了满足宾客的需要，会为宾客提供客房送餐服务。

7. 外卖部

外卖部主要向本地居民、住在酒店公寓内的宾客提供酒店风味菜肴、各式点心等，也在酒店外的场所为客人提供酒会、宴会服务。

二、宴会厅

宴会厅受宾客的委托，组织各种类型的宴会、酒会、招待会等活动，通常以一个大厅为主，几个不同风格的小厅与之相连或相对独立，一般用隐蔽式的活动板墙调节其大小。

三、酒吧

酒吧是专供宾客享用酒类饮料、休息和娱乐不可缺少的地方，也是酒店增加收入且利润较高的一个部门。酒吧主要供应中西式酒类饮料和小吃。

任务单二　认识餐饮部各部门

一、调查：走访附近的酒店或酒楼，收集归纳各个餐厅的特点。

时间	调查餐厅名称	餐厅特点	调查人

二、上网或图书馆查询餐厅还有哪些种类？有何特点？

活动二 做优秀的餐饮部员工

餐饮部是酒店的重要部门之一，作为餐饮部的员工，应成为酒店服务的专业人才，为餐饮部的发展作出自己的贡献。

信息页 做优秀的餐饮部员工

我国酒店经营规模不断扩大，餐饮服务水平不断提升，从绿色消费到健康食谱，从大众餐饮到精致经典，酒店餐饮部充分挖掘饮食文化内涵，不断提高人们的饮食质量和消费品位，促使餐饮消费不断趋于理性。餐饮业不仅要适应这种发展要求，更要善于引导人们建立科学消费、合理消费、和谐消费的理念。因此，餐饮业的发展更需要高素质的专业人才。怎样才能成为一名优秀的餐饮部员工呢？

餐饮服务的工作人员一般包括餐厅的经理、主管、领班、迎宾员、服务员、酒吧服务员、传菜员、收银员等。要想成为一名优秀的餐饮服务人员，就要具备端正的行业思想认识、过硬的业务素质、强健的身体素质和优秀的心理素质。

一、端正的行业思想认识

餐饮服务人员要具备端正的行业思想认识，时刻做好以下几点。

(1) 热情友好，客人至上；文明礼貌，优质服务；

(2) 不卑不亢，一视同仁；团结协作，顾全大局；

(3) 遵守纪律，廉洁奉公；钻研业务，提高技能。

二、过硬的业务素质

1. 微笑服务

微笑是餐饮服务人员的职业本能和职业习惯，虽不出声音但充满热情，让宾客感受到服务人员的亲切与和蔼，这一点要体现在餐饮服务的全过程中，以起到引导、认同、友善，从而产生良好心境的作用。

2. 服务语言

餐饮服务语言是表达思想，与客人、同事交流感情的主要工具。在服务语言上应注意文明礼貌，要有较强的表达能力，具有一定的表达艺术。餐饮服务需经常使用文明用语，如"欢迎光临！""我能为您做些什么吗？""实在对不起！""谢谢光临！"等。

3. 文化内涵

餐饮服务人员应了解我国主要客源和地区的概况、宗教和饮食习惯，熟悉我国主要菜系的菜名、名点的制作和风味特点，掌握所供应菜点、酒水的质量标准及性能特点，要有一定的外语水平，具有较高的文化素养，从而能够为各个层次的客人服务。

4. 专业技术

服务人员要掌握为宾客服务的技能技巧，要能够娴熟、灵活自如地运用，还应树立"客人至上"的服务意识，具有灵活服务、迅速发现问题、辩证分析问题和果断解决问题的能力。

5. 服从与协作

服从是下属对上级应尽的职责；同时，服务人员还应服从客人，但应服从有度。而且，服务人员之间要配合协作。

三、强健的身体素质

餐饮服务人员强健的身体素质是做好餐饮服务工作的基础，其优美的体态、健康的体魄和良好的个人卫生习惯都应是美的体现。

1. 端庄典雅的仪表、仪容、仪态

服务人员要按照各个企业的要求规范自己的仪表、仪容与仪态，做好个人卫生，树立酒店的服务形象，如图1-1-7所示。

图1-1-7　注意服务形象

2. 健康的体魄

餐饮服务人员的工作是脑力兼体力的艰辛劳动。因此，服务人员生活要有规律，具有

良好的生活习惯，合理安排作息时间，才能胜任早、中、晚各班次的工作。

四、优秀的心理素质

就餐客人由于民族、国籍、性别、年龄、职业、文化的影响和就餐目的的不同，会表现出不同的心理特征，如求快速、求干净卫生、求安全、求价廉物美、探新知、寻幽静、求尊重等，为了给客人提供更好的服务，餐饮服务人员优秀的心理素质就显得尤为重要。

(1) 要自尊自信；

(2) 热情、开朗、乐观；

(3) 具有良好的观察力与持久的注意力；

(4) 要有较强的感情控制能力；

(5) 能发挥团队精神。

总之，餐饮业是窗口行业，要求从业人员必须具有良好的个人修养，应注重仪表、整洁大方、懂得礼仪，穿着打扮要合适、合体、合度，保持饱满的精神状态。

任务单　做优秀的餐饮部员工

一、结合餐饮部员工的素质要求及自身条件，谈谈怎样才能成为一名优秀的餐饮部员工？

二、寻找身边的服务模范：学习酒店中优秀员工的事迹。收集照片、撰写学习案例，然后进行小组交流。

任务评价

任务一　走进餐饮部

评价项目	具体要求	评价			
		☺	😐	☹	建议
走进餐饮部	1. 了解餐饮部的地位和作用				
	2. 认识餐饮部的组织与职能				
	3. 理解餐饮部对员工的素质要求				
学生自我评价	1. 准时并有所准备地参加团队工作				
	2. 乐于助人并主动帮助其他成员				
	3. 遵守团队的协议				
	4. 全力以赴参与工作并发挥积极作用				

(续表)

评价项目	具体要求	评价			建议
		😊	😐	😟	
小组活动评价	1.团队合作良好，都能礼貌待人				
	2.工作中彼此信任，互相帮助				
	3.对团队工作都有所贡献				
	4.对团队的工作成果满意				
总计		个	个	个	总评

在走进餐饮部的工作中，我的收获是：

在走进餐饮部的工作中，我的不足是：

改进方法和措施有：

任务二　体验中餐服务

工 作 情 境

中餐服务是我国餐饮文化的重要部分。皇家服务过于烦琐，市井服务又过于低俗，在这样的背景下，我国餐饮服务通过汲取西餐服务的优点，结合我国菜肴、习俗等方面的特点，形成了自身的特点和形式。

具体工作任务

- 理解餐饮服务的特点；
- 了解中餐服务的历史和演变；
- 掌握中餐服务的3种方式。

活动一　认识餐饮服务

随着人们生活水平的提高，宾客对服务质量的要求也越来越高。作为餐饮部的员工，一起认识餐饮服务吧。

信息页 认识餐饮服务

餐饮服务是餐饮部工作人员为就餐宾客提供食品、饮料等的一系列行为。餐饮服务可分为直接对客的前台服务和间接对客的后台服务。前台服务是指在餐厅、酒吧等餐饮设施中面对面为宾客提供的服务；后台服务是指在客人视线所不能达到的场所(如采购部、粗加工区和厨房等部门)，工作人员为生产、加工菜点所进行的一系列工作。前台服务和后台服务相辅相成，任何一方出了问题都会影响餐饮服务的质量。

后台服务是前台服务的物质基础，前台服务是后台服务的继续和完善。只有精美的菜点，没有高质量的服务不行；只有高质量的服务，没有精美的菜点也不行。因此，美味佳肴只有配以热情、礼貌而周到的服务，才会受到宾客的欢迎。餐饮服务具有以下4个特点。

一、餐饮服务的无形性

任何一种服务都不可能数量化，餐饮服务也不例外。无形的餐饮服务是餐饮产品的重要组成部分，它不同于一般的有形产品，如电视机、沙发等，仅从色彩、性能、式样等方面就可初步判断其质量的高低。餐饮服务只能在就餐宾客购买并享用餐饮产品后凭生理和心理满足来评估其质量的优劣。

餐饮服务的无形性带来了销售上的困难。因为餐饮服务质量的提高是无止境的，所以，要想提高服务质量、增加餐饮部的销售额，关键在于餐饮部工作人员，特别是厨师和餐厅服务人员的服务技能、服务态度和个人基本素质。

二、餐饮服务的一次性

餐饮服务的一次性是指餐饮服务只能当次使用、当场享受，过时则不能再享用。这恰似酒店的客房、客机的座位，如当晚不出租、当班不满座，那么酒店或航空公司失去的收入将是无法弥补的。

因此，餐饮部要注意接待好每一位宾客，给他们留下良好的印象，并通过各种销售渠道推销餐饮产品，从而使宾客再次光顾，稳定原有客源市场，不断开拓新的客源市场。

三、餐饮服务的直接性

一般的物质产品，如电视机等，由生产到消费必须通过流通领域。也就是说，产品生产出来以后，要通过商业这个中间环节才能到达消费者手中。而餐饮部的大部分餐饮食品的生产、销售、消费是同步进行的，其生产服务过程也是宾客的消费过程，即现生产、现销售。

因此，酒店餐饮部除了要充分考虑餐饮产品的生产环境外，还必须考虑其销售环境，并注意充分利用当场推销的机会，既为宾客提供热情周到的服务，又为餐饮部推销更多的产品。

四、餐饮服务的差异性

一方面，餐饮服务是由餐饮部人员通过手工劳动来完成的，而每位工作人员由于年龄、性别、所受教育程度及其职业培训程度等方面的不同，为宾客提供的餐饮服务也不尽相同；另一方面，同一服务人员在不同场合、不同情绪、不同时间，其服务方式、服务态度等也会有一定的差异，这也正是餐饮服务的差异性。

针对这一特点，餐饮部一定要制定餐饮服务质量标准。虽然要求每位员工达到完全一致的质量标准有一定困难，但通过经常性地对员工进行职业道德教育，能逐步端正服务态度，树立稳固的专业思想；通过不断地进行业务培训，能帮助员工掌握丰富的服务知识和熟练的服务技能，以基本上实现餐饮服务的规范化、质量的标准化、管理的制度化。

?? 任务单　认识餐饮服务

一、填空。

1.餐饮服务是餐饮部工作人员为就餐宾客提供食品、饮料等的一系列＿＿＿＿＿＿。

2.前台服务与后台服务的关系是＿＿＿＿＿＿＿＿＿＿＿。

二、小组讨论：针对餐饮服务的特点应采取哪些应对措施？

餐饮服务的无形性	餐饮服务的一次性
服务不能量化，只能在客人购买并享用后，才能评估其服务质量的优劣。 措施：	餐饮服务只能当次使用，当次享用，过时则不能享用。 措施：

餐饮服务的直接性

生产、销售、消费同步。

措施：

餐饮服务的差异性

不同服务人员的差异和同一服务人员在不同时间场合的差异。

措施：

活动二▶ **探寻中餐服务**

我国的餐饮文化有着悠久的历史，古代餐饮文化留给世人的不仅是一部烹饪的传奇，更多的是餐饮礼仪、习俗所渗透出的文化内涵。

信息页一　中餐服务历史和演变

中餐服务的起源至少可以追溯到周代以前，在西周已有文字记载的饮食礼仪。古代史书中已对特定食物的摆放位置有明确的规定，对侍者端菜的姿势、上菜的方向等细节也有描述。在汉代的古文物中，许多宴饮的场面记载了餐饮服务的信息。古代一人一案的习俗，可能就是最早的分餐制了。明代关于皇室大宴群臣的记载中就有与今天宴会服务相同的安排，可见许多服务程序是古今相通的。

中餐传统的服务礼仪，很大程度上来源于皇家宴会和贵族宴饮；而在平民百姓消费的酒馆中，服务礼仪则主要体现在热情的吆喝和招呼上。如今，中餐服务的形式则游走于这两个极端。从1863年中国第一家外资酒店在天津开业起，直到20世纪70年代，香港文化酒店首次将中餐厅引入国际化大酒店，标志着现代中餐服务的开始。当传统的中餐厅开始步入西方上流社会时，现代的中餐服务形式也随之开始萌芽。皇家服务过于烦琐，市井服务又过于低俗，这就迫使中餐服务从西餐服务中汲取大量的灵感，演变成现代的特点。

1. 托盘的使用

无论是国际化大酒店的中餐厅，还是常规的餐饮企业，服务中都在使用托盘，以此提高服务的规范。

2. 餐巾的使用

餐巾完全是舶来品，传统的中餐不使用餐巾，餐巾的使用改变了人们用餐的文明礼仪。

3. 上菜程序的变化

传统的中餐服务对上菜程序并没有明确的规定，而在现代的中餐服务中，大多是按照一定的顺序来上菜的。

4. 综合的服务形式

中餐服务结合了英、美、法3种西餐服务形式，将它们融入中餐的传统餐饮文化中。

5. 服务用具的使用

使用分菜叉勺进行分菜服务、使用转台方便宾客就餐等是中餐服务用具发展变化的体现。

⁇ 任务单一　中餐服务历史和演变

一、到网上或图书馆查阅资料：中餐服务的历史。

二、现代中餐服务有哪些特点？

信息页二　了解中餐服务方式

中餐服务方式是指中餐餐馆或餐厅中招待客人的方式。中餐在其长期的发展过程中，兼收并蓄，逐步形成了自己的服务方式，这种服务方式是同中餐菜肴的特点相适应的。同时，随着宾客对卫生要求的提高，践行"光盘行动"，勤俭节约，以及对就餐方式的多样化需求，中餐的服务方式正经历着一定的变革。目前，常用的服务方式有：共餐式、转盘式和分餐式。

一、共餐式服务

共餐式服务比较适合2～6人的中餐零点服务。提供共餐式服务时，应注意如下事项。

(1) 中餐上菜常常是所有菜点同时上台，服务员要注意台面上不同菜肴的搭配摆放，尤其是荤素和颜色的搭配；

(2) 菜肴上台时，注意配上适当的公用餐具，方便客人取菜，避免使用同一餐具而串味；

(3) 台面上的菜肴放不下时，应征求客人意见，对台面进行整理，撤、并剩菜不多的盘子，切勿将菜盘叠放；

(4) 如遇有外宾用餐，应主动为其提供叉、匙等西餐餐具；

(5) 整鸡、整鸭、整鱼等菜肴，应协助客人分切成易于夹取的形状；

(6) 所有菜肴上完后应告知客人，并询问品种、数量是否够，最后祝客人用餐满意。

二、转盘式服务

转盘式用餐是在一个大的圆桌上，安放一个直径90cm左右的转盘，将菜肴等放置在转盘上面，供就餐者夹取的就餐形式。转盘式服务在中餐服务中是一种普遍使用的餐桌服务方式，适合用于大圆台的多人就餐服务，既可用于旅游团队、会议等团队用餐，也适用于中餐的宴会服务。

三、分餐式服务

分餐式服务是吸收了西餐服务方式的优点，并使之与中餐服务相结合的一种服务方式，人们又将这种服务方式称为"中餐西吃"，它比较适用于较正式的高档宴会服务。分餐式服务又可分为"边桌服务"和"派菜服务"两种。

这几种常用服务方式，在特定场合各有其实用价值和优点。一个餐厅或一次宴会，不必拘泥于某一种服务方式，可以根据就餐的人数和不同的菜肴，选用不同的方法综合使用。

任务单二　了解中餐服务方式

一、中餐服务3种方式各自的优点是什么？

共餐式服务	转盘式服务	分餐式服务

二、体验：到中餐厅感受中餐服务的方式，并谈谈你的感受。

_____

_____

_____

任务评价

任务二　体验中餐服务

评价项目	具体要求	评价			建议
		☺	😐	☹	
体验中餐服务	1. 理解餐饮服务的特点				
	2. 了解中餐服务的历史和演变				
	3. 掌握中餐服务的3种方式				
学生自我评价	1. 准时并有所准备地参加团队工作				
	2. 乐于助人并主动帮助其他成员				
	3. 遵守团队协议				
	4. 全力以赴参与工作并发挥了积极作用				

(续表)

评价项目	具体要求	评价			
		😊	😐	😞	建议
小组活动评价	1. 团队合作良好，都能礼貌待人				
	2. 工作中彼此信任，互相帮助				
	3. 对团队工作都有所贡献				
	4. 对团队的工作成果满意				
总计		个	个	个	总评

在体验中餐服务的工作中，我的收获是：	
在体验中餐服务的工作中，我的不足是：	
改进方法和措施有：	

任务三 认识中餐菜单

工 作 情 境

　　一份精心设计的菜单，装潢精美、雅致动人，读起来让人赏心悦目。菜单是酒店餐饮部门一切活动的总纲，是联结宾客与餐饮服务的桥梁。餐饮服务人员，要熟悉不同种类的菜单，了解菜单的特点，以便更好地为宾客服务。

　　具体工作任务

- 了解餐厅菜单的种类；
- 认识零点菜单的特点；
- 认识宴会菜单的特点。

活动一 ▶ 认识零点菜单

　　零点菜单是菜单中最常见的菜单之一。餐饮服务人员熟悉零点菜单，才能够在工作中为宾客提供更优质的服务。

菜单是餐厅产品的说明书和目录表，是餐厅的销售工具。菜单大致可以归纳为以下几个种类。

一、零点菜单

零点菜单是餐饮企业最基本的菜单。零点菜单是根据菜单上列举的菜肴品种，以单个菜肴购买的方式自行选择。因此，顾客可以从零点菜单上选择自己需要的每个菜肴，组成完整的一餐。零点菜单上的菜肴是分别定价的，如图1-3-1所示。

图1-3-1　零点菜单

二、套餐菜单

套餐是根据顾客的需求，将各种不同的营养成分，不同的食品原料，不同的制作方法，不同的菜式，不同的颜色、质地、味道，和不同价格的菜肴合理地搭配在一起设计成的一套菜肴，并制定出每一套菜肴的价格。因此，套餐菜单上的菜肴品种、数量、价格全是固定的，宾客只能整套购买。套餐菜单的优点是，节省了顾客的点菜时间，且价格比零点购买要优惠。

目前，有一种改良式的套餐菜单，它集中了零点菜单和套餐菜单的优点，即在套餐的基础上加入一些灵活性。例如：一个套餐规定了3道菜，第1道菜是冷菜，第2道菜是主菜，第3道菜是甜菜。其中，每一道菜或者一两道菜中有数个可选择的品种，并将这些品种限制在最受顾客欢迎的那些品种上，而且固定每套菜肴的价格。这种套餐菜单很受顾客欢迎，因为它既方便了顾客用餐，也有益于餐厅经营。同时，该菜单还为餐厅减少了繁重而复杂的菜肴制作工作和服务工作。这种改良的套餐菜单常被称为部分选择式菜单，如图1-3-2所示。

图1-3-2　部分选择式菜单

三、团队包餐菜单

团队包餐菜单用于接待旅游团队、会议团队等。制定团队包餐菜单，既要考虑包餐团体的特点，又要根据客人的具体情况、逗留时间、用餐标准等，注意花色品种的搭配和翻新。

四、宴会菜单

宴会菜单是根据宴请对象的特点、宴请标准、宴请单位或宴请者的意见而制定的菜单，如图1-3-3所示。要注意安排我国的名菜、佳肴和美点，还要按照季节变化安排时令菜。制作宴会菜单要用心设计，讲究装潢，印制也要精美，不仅展示出酒店的特点，还要表现出酒店的等级，起到广告、宣传的作用。

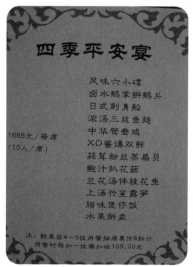

图1-3-3　宴会菜单

五、自助餐菜单

自助餐菜单与套餐菜单相似，两者的主要区别在于菜点的种类和数量。自助餐菜单的定价方式一般有两种：固定价格和单独定价。

六、酒单

酒单要求简洁、精美。一部分餐饮企业将菜单与酒单合二为一。

通常，零点菜单菜肴的花色品种不少于50种，咖啡厅不少于40种，自助餐厅不少于30种，套餐菜单不少于5种，团队包餐菜单不少于6种，宴会菜单根据客人订餐标准安排。

？ 任务单一　认识菜单

一、填写各种菜单的特点。

零点菜单	套餐菜单	团队包餐菜单

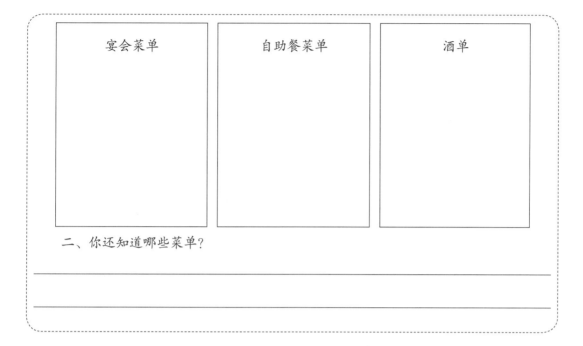

| 宴会菜单 | 自助餐菜单 | 酒单 |

二、你还知道哪些菜单?

_____

_____

信息页二 认识零点菜单

零点菜单是餐厅常用的菜单,一般零点菜单上销售品种的排列方法如下。

一、西餐

西餐一般按人们进餐的习惯和顺序进行分类和排列,包括开胃菜类、汤类、沙拉类、三明治类、主菜类、甜品类等。

二、中餐

中餐一般按菜肴食品原料的内容分类,包括冷盘、肉类、禽类、海鲜类、蔬菜类、面点类和汤类等。

零点菜单一般分成早餐菜单、午晚餐菜单和客房送餐菜单,如表1-3-1所示。

表1-3-1 零点菜单

菜单	分类	特点
零点菜单	早餐菜单	供应饭菜的种类要简单,烹制快捷
	午晚餐菜单	食品品种多,突出餐厅特色,便于客人选择,如图1-3-4所示。除了固定菜肴外,每天应有一道特别菜,经常更换,种类不一,大都是应时新鲜菜,能给客人一种不断更新的感觉
	客房送餐菜单	品种较少,质量较好,价格较高,如图1-3-5所示

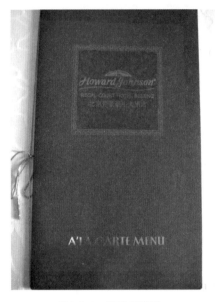

图1-3-4 午晚餐菜单   图1-3-5 客房送餐菜单

零点餐厅菜单的冷菜、热菜、面点、汤类比例安排在5:15:4:3左右。各种产品高低档搭配，档次较高、质量较好的产品安排在25%～30%，中档产品安排在45%～50%；档次较低、价格便宜的产品安排在20%～25%，便于客人选择消费，适应客人多层次、多方面的消费需求。

三、电子菜单

随着互联网的发展，很多餐饮企业相继推出电子菜谱以及点菜平台、软件等，用户可以自主点餐、组团聚餐、微博微信分享等，实现互动体验。

手机点菜，即用户使用智能手机点菜客户端方便快捷地获取餐厅信息、预览餐厅菜单、手机点菜并预先付费，到餐厅直接用餐的消费方式，使得餐饮消费进入越来越人性化服务的新时代。

 任务单二 认识零点菜单

一、填表。

菜单	分类	特点
零点菜单		供应饭菜的种类要简单，烹制快捷
		食品品种多，突出餐厅特色，便于客人选择
		品种较少，质量较好，价格较高

二、选择题。

中餐菜单按菜肴食品原料内容排列的顺序是(　　　　　　　　　　)。

A.冷盘   B.禽类   C.肉类   D.蔬菜类

E.面点类   F.汤类   G.海鲜类

三、调查：零点菜单如何突出餐厅的经营特色？

_____

_____

_____

活动二 ▶ 认识宴会菜单

宴会菜单在餐饮经营管理中有着重要作用，它不仅是餐饮经营管理者经营思想与管理水平的体现，更是消费者与经营者之间最直接的沟通桥梁。

信息页一 宴会菜单的种类

宴会菜单是预先设计好的固定菜单，用以向客人介绍该宴会厅的宴会产品，也可以由设计者先根据宴请对象、消费标准和宾客意见等，安排合适的餐点，在客人预订宴会时再根据要求确定内容。

根据市场特点和菜单使用时间的长短，宴会菜单可分为：固定性宴会菜单、循环性宴会菜单和即时性宴会菜单。

一、固定性宴会菜单

固定性宴会菜单(如图1-3-6所示)是指菜式品种相对固定、长期使用的菜单。这种菜单适用于宾客构成复杂多变、流动性大的酒店，由于菜单上的品种比较固定，容易使宴会的采购与保管标准化、加工烹调标准化、产品质量标准化。使用固定菜单，可以将一天没有被正常消费的食品饮料储存到以后几天内使用，不造成浪费。此外，印制固定菜单的成本也相对较低。

当然，固定性宴会菜单也有不足之处：一是菜单不灵活，难以适应市场变化，难以根据市场潮流提供宾客喜爱的餐饮产品，使宾客对菜单产生厌倦情绪而异地就餐；二是菜单所提供的菜式品种固定不变，不能随食品原料价格的变化而调整，因而有时会造成亏损；

三是食品的生产操作多重复性劳动，容易使员工对单调的工作产生厌倦。

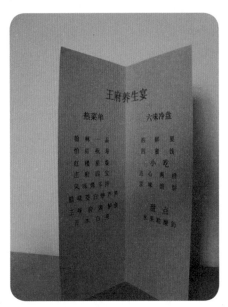

图1-3-6　固定性宴会菜单

二、循环性宴会菜单

循环性宴会菜单是按一定天数的周期循环使用的菜单。使用循环菜单，宴会厅必须根据预定的周期天数制定一套菜单，即周期有多少天，这套菜单便应有多少份各不相同的菜单，每天使用一份。当这套菜单从头至尾使用了一遍后，就算结束了一个周期，然后周而复始，再从头至尾地使用这套菜单。通常的循环周期为7～21天。有些宴会厅也根据不同的季节准备4套菜单，这种菜单能反映不同季节的时令菜，可避免出现不同季节原料短缺或原料成本过高的情况。循环性菜单具有以下特点。

(1) 由于确定几套菜单循环使用，餐厅提供的菜肴品种限制在几套菜单内，这样便于对食品的采购、保管、生产和销售进行标准化管理，员工能较快熟悉每道菜的生产和服务。

(2) 由于菜单每天有变化，顾客不容易对菜单感到厌烦，员工不易对工作感到单调。

(3) 使用循环性宴会菜单，其原料库存额虽多于固定性宴会菜单，但有一定的限度。循环性菜单也无须频繁更动。

循环性菜单仍有一些不足之处：一是不能迅速适应市场需求的变化和反映原料供应的季节性变化，不能根据各种时令菜的上市或下市迅速变换菜单；二是在餐饮生产、劳动力安排等方面不如固定性宴会菜单容易计划，库存原料的品种也较多，剩余食品不好处理；菜的编制和印刷费用较高。

三、即时性宴会菜单

即时性宴会菜单是根据某一时期内原料的供应情况而制定的菜单。这种菜单编制的依据是菜品原料的可得性、原料的质量和价格，以及厨师的烹调能力等。即时性宴会菜单一般没有固定的模式，使用时效较短。即时性宴会菜单的优点如下。

(1) 灵活性强，能迅速适应顾客的需求、口味和饮食习惯的变化，能根据季节和原料供应的变化及时调整菜单。这样既能反映时令特色，又能及时取消原料价格上涨的菜品而降低食品成本。

(2) 可充分利用库存原料和剩余食品。

(3) 可充分发挥厨师的烹调潜力和创造力，生产出较多的创新菜，降低工作单调性。

即时性宴会菜单的缺点是：由于菜单变化较大，对原料的采购和保管、食品的生产和销售难以标准化，管理比较困难，所以一般供应的品种较少。

上述3种菜单各有利弊，多数宴会厅采用2种或3种菜单的综合政策。各宴会厅可根据自己的实际情况予以采用。

任务单一　宴会菜单的种类

一、填表。

菜单	分类	特点
宴会菜单		

二、收集：各种宴会菜单。

信息页二　宴会菜单内容

宴会菜单主要用于宴会厅向客人介绍各式宴席的菜肴，与普通菜单的区别在于成套介绍。宴会菜单所显示的菜肴与整个宴席是有机整体，缺一不可。

一、菜品信息

宴会菜单上要对一些产品进行介绍，主要包括菜肴名称、菜品质量等，菜品价格要真实，菜品中英文名字要正确，陈列的产品要保证供应。另外，还要包括菜肴主配料、烹调和服务方法、菜品分量等。

二、主办者信息

主办者的基本信息要在宴会菜单上陈列，如公司简称、宴请时间等。

三、告示性信息

每张宴会菜单应提供一些比较简洁的告示性信息，一般包括以下内容。

(1) 宴会厅的名字，通常安排在封面。

(2) 宴会厅的特色风味。

(3) 宴会厅的位置、预订电话等，一般列在菜单封底下方。

(4) 宴会厅的营业时间。

(5) 加收的费用。如果餐厅加收服务费要在菜单上注明。

四、机构性信息

有的宴会菜单上还会介绍宴会厅的历史背景和特点。

```
任务单二   宴会菜单内容
```

　　选择一份你欣赏的宴会菜单，介绍欣赏的理由，并说一说你从菜单中获得了哪些信息？

任务评价

任务三   认识中餐菜单

评价项目	具体要求	评价			
		☺	😐	☹	建议
认识中餐菜单	1. 了解餐厅菜单的种类				
	2. 认识零点菜单的特点				
	3. 认识宴会菜单的特点				
学生自我评价	1. 准时并有所准备地参加团队工作				
	2. 乐于助人并主动帮助其他成员				
	3. 遵守团队的协议				
	4. 全力以赴参与工作并发挥了积极作用				

(续表)

评价项目	具体要求	评价			建议
		☺	😐	☹	
小组活动评价	1. 团队合作良好，都能礼貌待人				
	2. 工作中彼此信任，互相帮助				
	3. 对团队工作都有所贡献				
	4. 对团队的工作成果满意				
总计		个	个	个	总评

在认识中餐菜单的工作中，我的收获是：

在认识中餐菜单的工作中，我的不足是：

改进方法和措施有：

任务四　认识中餐菜肴

工作情境

中国饮食文化博大精深、源远流长，中餐菜肴更是五彩纷呈、绚丽夺目。因各地气候、物产和生活习俗的不同，形成了各地不同的饮食特色。餐厅经营各种风味特色的菜肴，为宾客提供的不仅仅是美味佳肴，还传递了文化的内涵与美的享受。

具体工作任务

- 认识八大菜系的特点；
- 认识地方特色菜系；
- 了解常见烹调方法。

活动一　认识八大菜系

各种风味菜系在饮食文化历史中所处的地位是不同的，存在着不同的影响力。根据风味菜系的特色，一般将中餐主要区分为八大菜系。餐饮服务人员掌握这部分知识，有助于为宾客提供菜肴的个性化服务，提高宾客的满意度。

信息页 八大菜系

中国是一个餐饮文化大国，长期以来在某一地区由于受地理环境、气候物产、文化传统和民族习俗等因素的影响，所形成的有一定亲缘承袭关系，菜点风味相近，知名度较高，并为部分群众喜爱的地方风味著名流派被称作菜系。

一、菜系形成的四大因素

1. 当地物产和风俗习惯

如中国北方多牛羊，常以牛羊肉做菜；中国南方多水产、家禽，人们喜食鱼、禽肉；中国沿海多海鲜，则长于海产品做菜。

2. 各地气候差异形成不同口味

一般来说，中国北方寒冷，菜肴以浓厚、咸味为主；华东地区气候温和，菜肴则以甜味和咸味为主；西南地区多雨潮湿，菜肴多用麻辣浓味。

3. 各地烹饪方法不同

由于各地烹饪方法不同，形成了不同的菜肴特色，如北京菜擅长爆、炒、烤、熘等；江苏菜擅长蒸、炖、焖、煨等；四川菜擅长烤、煸炒等；广东菜擅长烤、焗、炒、炸等。

4. 中国烹饪技艺的历史悠久

经历代名厨传承至今，形成了各具特色的菜系，代表了各地色、香、味、形俱佳的传统特色烹饪技艺。

二、八大菜系

菜系的划分有很多种方法，按省可划分为山东菜、四川菜、江苏菜、广东菜四大菜系；按文化流派可划分为东北菜、北京菜、冀鲁菜、胶辽菜、山西菜、中原菜、西北菜、上江菜、江淮菜、江浙菜、江西菜、湖南菜、福建菜、客家菜、广东菜等；按地域可划分为八大菜系——鲁、川、苏、粤、闽、浙、湘、徽菜，如表1-4-1所示。

表1-4-1 八大菜系

菜系	形成条件	特点	特色菜肴
鲁菜	即山东菜系，由齐鲁、胶辽、孔府3种风味组成。鲁菜的形成和发展与山东地区的文化历史、地理环境、经济条件和习俗等有关	齐鲁风味：以济南菜为代表。以清香、鲜嫩、味纯著称，一菜一味，百菜不重，尤重制汤	糖醋鲤鱼 九转大肠
		胶辽风味：亦称胶东风味，以烟台福山菜为代表。烹饪海鲜见长，口味以鲜嫩为主，偏重清淡，讲究花色	原壳鲍鱼 酸辣鱼丸 炸蛎黄
		孔府风味：以曲阜菜为代表。有"食不厌精，脍不厌细"的特色，其用料之精广、筵席之丰盛堪与过去皇朝宫廷御膳相比	一品寿桃 翡翠虾环 海米珍珠笋

(续表)

菜系	形成条件	特点	特色菜肴
川菜	即四川菜系，以成都、重庆菜为代表。由筵席菜、大众便餐菜、家常菜、三蒸九扣菜、风味小吃5个大类组成一个完整的风味体系	主要特点在于味型多样，具有"一菜一格""百菜百味"的特殊风味；在烹调方法上，有炒、煎、干烧等38种之多；特别讲究色、香、味、形，兼有南北之长，以味的多、广、厚著称，如图1-4-1所示	干烧岩鲤 干烧鳜鱼 鱼香肉丝 怪味鸡 宫保鸡丁
苏菜	由徐海、淮扬、金陵和苏南4种风味组成，是宫廷第二大菜系	徐海风味：以徐州菜为代表。鲜咸适度，习尚五辛、五味兼崇，清而不淡、浓而不浊。另外，多用大蟹和狗肉，尤其全狗席甚为著名	霸王别姬 沛公狗肉 彭城鱼丸
		淮扬风味：淮扬菜选料严谨，讲究鲜活，主料突出，刀工精细，擅长炖、焖、烧、烤，重视调汤，讲究原汁原味，并精于造型，瓜果雕刻栩栩如生。口味咸淡适中，南北皆宜，并可烹制"全鳝席"，如图1-4-2所示	清炖蟹粉狮子头 大煮干丝 三套鸭 水晶肴肉
		金陵风味：以南京菜为代表，特别讲究七滋七味，即酸、甜、苦、辣、咸、香、臭、鲜、烂、酥、嫩、脆、浓、肥。南京菜以善制鸭馔而出名，素有"金陵鸭馔甲天下"的美誉。南京小吃是中国四大小吃之一	桂花盐水鸭 金陵叉烧鸭
粤菜	即广东菜，由广府、客家、潮汕3种风味组成。在国内外影响极大，世界各地的中餐馆，多数是以粤菜为主。粤菜是国内民间第二大菜系，地位仅次于川菜。在国外是中国的代表菜系。粤菜以广府风味为代表	广府风味：以广州菜为代表。注重质和味，口味比较清淡，力求清中求鲜、淡中求美。而且随季节时令的变化而变化，夏秋偏清淡，冬春偏浓郁。食味讲究清、鲜、嫩、爽、滑、香，调味遍及酸、甜、苦、辣、咸，此即所谓五滋六味。有"食在广州"的美誉	龙虎斗 白灼虾 烤乳猪
		潮汕风味：以潮州菜为代表，以烹调海鲜见长，刀工技术讲究，口味偏重香、浓、鲜、甜。喜用鱼露、沙茶酱等调味品，甜菜较多，香甜可口。潮州菜的另一特点是喜摆12款，上菜次序又喜头、尾甜菜，下半席上咸点心	潮州卤鹅 豆酱鸡 什锦乌石参 葱姜炒蟹
		客家风味：又称东江风味，以惠州菜为代表。下油重，口味偏咸，酱料简单，但主料突出。喜用三鸟(鸡、鸭、鹅)、畜肉，很少配用菜蔬，河鲜海产也不多	东江盐焗鸡 东江酿豆腐 爽口牛丸

(续表)

菜系	形成条件	特点	特色菜肴
闽菜	即以闽东、闽南、闽西、闽北、闽中、莆仙地方风味菜为主形成的菜系。以闽东和闽南风味为代表	闽东风味:以福州菜为代表,有"福州菜飘香四海,食文化千古流传"之称。选料精细,刀工严谨;讲究火候,注重调汤;喜用佐料,口味多变	佛跳墙 鸡汤氽海蚌 淡糟香螺片
浙菜	即浙江菜系,以杭州菜为代表。浙菜有悠久的历史,风味包括杭州、宁波、绍兴、温州等地方的菜点特色	具有色彩鲜明,味美滑嫩,脆软清爽,菜式小巧玲珑、清俊秀丽的特点,如图1-4-3所示	龙井虾仁 西湖莼菜汤 西湖醋鱼
湘菜	即湖南菜系,以长沙菜为代表。湘菜包括湘江流域、洞庭湖区和湘西山区3个地区的菜点特色	其特色是油重色浓,讲求实惠,注重鲜香、酸辣、软嫩,尤以煨菜和腊菜著称。洞庭湖区的菜以烹制河鲜和家禽家畜见长,特点是量大油厚、咸辣香软,以炖菜、烧菜出名。湘西菜擅长制作山珍野味、烟熏腊肉和各种腌肉、风鸡,口味侧重于咸香酸辣,有浓厚的山乡风味。湘菜的最大特色一是辣,二是腊,如图1-4-4所示	东安子鸡 腊味合蒸 组庵鱼翅
徽菜	即徽州菜系,有200多个品种,擅长烧、炖,讲究火功,很少爆、炒,并习以火腿佐味、冰糖提鲜,善于保持原汁原味	主要特点:烹调方法上擅长烧、炖、蒸,而爆、炒菜少,重油、重色,重火功。	清炖马蹄 黄山炖鸽 腌鲜鳜鱼 火腿炖甲鱼 红烧果子狸

图1-4-1 川菜 宫保鸡丁

图1-4-2 苏菜 清炖蟹粉狮子头

图1-4-3　浙菜　龙井虾仁

图1-4-4　湘菜　东安子鸡

任务单　八大菜系

一、填写表格：八大菜系。

菜系	形成条件	特点	特色菜肴

二、上网或到图书馆查询：我国其他菜系的特点。

活动二　认识地方特色菜系

从早期的四大菜系，到现代的八大菜系，以及各具特色的地方菜系，都是我国饮食文化宝库中的瑰宝。

信息页一　地方特色菜系

在我国饮食文化的宝库中，还有许多各具风味的地方菜系，这里主要介绍部分具有代表性的地方风味菜系。

一、京菜

北京菜品种复杂多元，兼收并蓄八方风味，名菜众多，难于归类。北京菜受鲁菜影响，吸收了全国各派菜系的主要风味，同时融入汉、蒙、满、回等各民族技艺，形成了以官府菜、宫廷菜为特色的地方菜系。名菜有北京烤鸭、涮羊肉等，如图1-4-5所示。

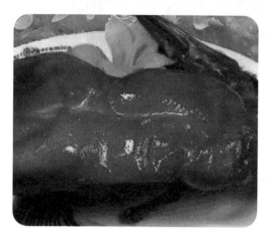

图1-4-5　京菜　北京烤鸭

二、沪菜

沪菜长期被认为是江苏菜系苏南风味的一种，吸取了无锡、苏州、宁波等地方菜的特点，兼及西菜、西点之法，使花色品种有了很大的发展。菜肴风味的基本特点：汤卤醇厚，浓油赤酱，糖重色艳，咸淡适口。代表菜有红烧鳝鱼、毛蟹年糕等。

三、东北菜

东北菜是指在东北，包括黑龙江、吉林、辽宁、内蒙古东部的烹饪菜系。东北菜的特点是价廉量大，用料广泛，火候足，滋味浓郁，以炖菜为主。代表菜有白肉血肠、锅包肉、东北乱炖、猪肉炖粉条、小鸡炖蘑菇等。

四、清真菜

清真菜指的是清真膳食，一般是对中国的穆斯林(如回族人、维吾尔族人等)饮食的称谓。肉食以牛、羊肉为主，有的也食用骆驼肉，名菜如烤全羊、它似蜜(如图1-4-6所示)等。由于中国的穆斯林分布较广，其饮食习惯也不完全相同。特点：屠宰牲畜和加工食物必须遵循伊斯兰教律法。忌食猪肉，亦忌食任何含有猪油等广义猪肉制品的食品，禁止饮酒。

图1-4-6 清真菜 它似蜜

任务单一 地方特色菜系

一、填写表格：地方特色菜系。

菜系	形成条件	特点	特色菜肴

二、你还知道哪些地方特色菜系？

信息页二 认识烹调方法

在中餐的饮食文化中，烹饪技艺也是在吸收了外来文化的基础上逐渐丰富起来的，中餐的烹饪技法是世界各大菜系中最复杂的。

一、炒

炒是最基本的烹饪技法。其原料一般是片、丝、丁、条、块，炒时要用旺火，要热锅热油，所用底油多少随料而定。

二、爆

爆就是急、速、烈的意思，加热时间极短。烹制出的菜肴脆嫩鲜爽。爆法主要用于烹制脆性、韧性原料。常用的爆法主要为：油爆、芫爆、葱爆、酱爆等。

三、熘

熘是用旺火急速烹调的一种方法。熘法一般是先将原料经过油炸或开水氽熟后，另起油锅调制卤汁，然后将处理好的原料放入调好的卤汁中搅拌或将卤汁浇淋于处理好的原料表面。

四、炸

炸是一种旺火、多油、无汁的烹调方法。炸有很多种，如清炸、干炸、软炸、酥炸等。

五、煎

煎是先把锅烧热，用少量的油刷一下锅底，然后把加工成型(一般为扁形)的原料放入锅中，用少量的油煎制成熟的一种烹饪方法。

六、贴

贴是把几种黏合在一起的原料挂糊之后，下锅只贴一面，使其一面黄脆，而另一面鲜嫩的烹饪方法。它与煎的区别在于，贴只煎主料的一面，而煎是两面。

七、烧

烧是先将主料进行一次或两次以上的热处理之后，加入汤(或水)和调料，先用大火烧开，再改用小火慢烧至或酥烂(肉类、海味)，或软嫩(鱼类、豆腐)，或鲜嫩(蔬菜)的一种烹调方法。

八、焖

焖是将锅置于微火上加锅盖把菜焖熟的一种烹饪方法。操作过程与烧相似，但小火加热的时间更长，火力也更小，一般在半小时以上。

九、炖

炖和烧相似，所不同的是：炖制菜的汤汁比烧菜的多。炖菜的主料要求软烂，一般是咸鲜味。

十、蒸

蒸是以水蒸气为导热体,将经过调味的原料,用旺火或中火加热,使成菜熟嫩或酥烂的一种烹调方法。

十一、汆

汆既是对一些烹饪原料进行出水处理的方法,也是一种制作菜肴的烹调方法。汆菜的主料多是细小的片、丝、花刀型或丸子,而且成品汤多。汆属旺火速成的烹调方法。

十二、烩

烩是将汤和菜混合起来的一种烹调方法。用葱、姜炝锅或直接以汤烩制,调好味再用水淀粉勾芡。烩菜的汤与主料相等或略多于主料。

十三、烤

烤是把食物原料放在烤炉中利用辐射热使之成熟的一种烹饪方法。烤制的菜肴,由于原料是在干燥的热空气烘烤下成熟的,表面水分蒸发,凝成一层脆皮,原料内部水分不能继续蒸发,因此成菜形状整齐,色泽光滑,外脆里嫩,别有风味。

十四、拔丝

拔丝是将糖(冰糖或白糖)加油或水熬到一定火候,然后放入炸过的食物翻炒,吃时能拔出糖丝的一种烹调方法。

十五、蜜汁

蜜汁是一种把糖和蜂蜜加适量的水熬制而成的浓汁,浇在蒸熟或煮熟的主料上的一种烹调方法。

任务单二 认识烹调方法

一、你了解的烹调方法有哪些?

二、上网或到图书馆查询：我国各种烹调方法。

三、试收集我国各大菜系的名菜。

任务评价

任务四　认识中餐菜肴

评价项目	具体要求	评价			建议
		😊	😐	😞	
认识中餐菜肴	1. 认识八大菜系的特点				
	2. 认识地方特色菜系				
	3. 了解常见烹调方法				
学生自我评价	1. 准时并有所准备地参加团队工作				
	2. 乐于助人并主动帮助其他成员				
	3. 遵守团队的协议				
	4. 全力以赴参与工作并发挥了积极作用				

(续表)

评价 项目	具体要求	评价			
		☺	😐	☹	建议
小组 活动 评价	1. 团队合作良好，都能礼貌待人				
	2. 工作中彼此信任，互相帮助				
	3. 对团队工作都有所贡献				
	4. 对团队的工作成果满意				
总计		个	个	个	总评

在认识中餐菜肴的工作中，我的收获是：

在认识中餐菜肴的工作中，我的不足是：

改进方法和措施有：

单元二

中餐零点服务

　　中餐厅是酒店餐饮部的重要部门之一，一般称为零点餐厅或点菜餐厅，是客人随意点菜、按数结账、自行付款的餐厅。通常酒店设有风格不同、大小不一的零点餐厅，其建筑装潢突出中国民族风格，食品以中式菜点为主，服务则体现东方人的热情大方和细微周到，深受宾客欢迎。中餐厅主要接待零散客人，由于零散客人来源复杂、要求不一，因而菜肴品种较多、用餐时间交错、工作量大，因此，零点餐厅服务要做到迅速、周到、准确、有序，以规范的服务、灵活的应变为宾客提供最佳服务。

工作情境

我国五星级酒店的中餐厅大都具有中国传统风格，有的古朴典雅，有的富有田园气息，有的富丽堂皇，为宾客提供一个交际应酬、家庭聚餐等服务的场所。餐厅服务员接到了宾客就餐的电话预订后，要按照餐厅的服务标准和要求，做好零点餐厅营业前的准备工作。

具体工作任务

- 了解零点餐厅特点；
- 了解预订方式；
- 熟练为散客提供电话预订服务；
- 掌握按服务形象要求准备个人形象；
- 掌握零点餐台布置；
- 掌握零点餐厅的餐前准备工作。

活动一 零散客人预订服务

为散客提供预订是餐厅常见的一种服务，你知道怎样才能做好这项工作吗？

信息页一 散客电话预订

为零散客人提供预订服务，不仅可以避免客满给宾客带来的不便，还有助于餐厅合理高效地安排客人就餐，提高服务质量。预订方式有很多，一般餐厅常用的有当面预订和电话预订两种方式，散客电话预订服务如表2-1-1所示。

表2-1-1　散客电话预订服务

预订服务程序	服务标准及要求
礼貌问候	1. 电话铃响3声以内接听电话 2. 礼貌地向客人问好，通报餐厅和自己的姓名，表示愿意提供服务
了解需求	1. 询问客人是否需要帮助 2. 客人提出预订要求后，确认是否可以接受预订，再与客人作进一步洽谈 3. 主动询问客人的要求，包括日期、时间、人数、性质、客人姓名、单位名称、联系电话及服务要求等

(续表)

预订服务程序	服务标准及要求
接受预订	1. 尊称客人姓氏，以示对客人的尊重 2. 耐心倾听客人要求，妥善回答客人问题 3. 征得客人同意后，为其安排相应的包房或餐台，并告知客人 4. 一边倾听一边填写预订单
确认道别	1. 复述预订内容，请客人确认 2. 告知客人预订餐位的最后保留时间 3. 向客人致谢并道别 4. 客人挂断电话后再放下电话

散客预订要求很多，要及时记录预订信息，尤其是客人的特殊要求，一定要详细记录，便于服务人员进行查询，提前做好服务准备。餐位预订登记如表2-1-2所示。

表2-1-2　餐位预订登记表

房号桌号	午餐					晚餐				
	宾客姓名	联系电话	就餐时间	人数标准	特殊要求	宾客姓名	联系电话	就餐时间	人数标准	特殊要求
包房1										
包房2										
1号台										
2号台										
备注										

任务单一　散客电话预订

一、回忆你到中餐厅就餐进行电话预订的情形。

预订情况(时间、地点、主题及其他)	你对餐厅电话预订的印象怎样?

二、阅读信息页，填写散客电话预订服务程序。

散客电话预订服务程序

三、讨论：散客电话预订的要领有哪些？

四、运用电话预订的方式，模拟散客预订服务。

评价标准：

1. 电话预订服务程序完整；

2. 电话预订服务标准规范；

3. 电话预订服务语言恰当。

信息页二　了解预订方式

零点餐厅是酒店销售饮食产品、为宾客提供相应服务和顾客用餐的场所，主要接待零星宾客就餐。零点餐厅具有宾客多而杂、人数不固定、口味需求不一、到达时间交错等特点，因此，餐厅接待的波动性较大、工作量较大、营业时间较长。不论是散客预订还是宴会预订，预订方式都主要有以下几种。

一、电话预订

电话预订主要用于接受客人询问，向客人介绍餐厅有关事宜，为客人检查核对时间、地点和有关细节，比较适合一些关系客户和老客户。

二、面谈预订

面谈预订是最为有效的预订方式，其他餐厅预订方式绝大多数都要结合面谈方式进行，是应用最广、效果最好的预订方式。餐厅预订员与客人当面洽谈所有细节安排，解决客人提出的特殊要求，让客人了解场地的具体情况等。

三、信函预订

信函预订主要用于促销活动、回复客人询问、寄送确认信等，适用于提前较长时间的预订。此种预订方式因存在速度慢、效率低的缺陷，已经无法适应现在高效、快捷的时代发展，故已极少使用。

四、传真预订

传真预订介于电话预订和信函预订之间，方便快捷，而且能够较详细地说明要求细节，比较直观，因此，很多预订可以先通过传真进行洽谈，甚至最后的确认和合同亦可通过传真解决。此种预订方式一般适用于团体、会议等大型活动。

五、委托预订

客户可委托中介公司、他人或酒店工作人员代为预订。中介公司可与餐厅签订合同，收取一定佣金；酒店工作人员的预订一般适用于熟悉客人的预订。随着时代的发展，快捷、方便的通信方式更直接、更便捷，委托中介公司这种预订方式已经被淘汰。而通过酒店服务人员预订的方式仍然适应时代的发展。

六、指令预订

指令预订是带有行政命令的方式，指政府有关部门的指令性预订，一般不能拒绝。遇到指令性预订，所有与之有矛盾的预订都必须取消或改时间、改地点，酒店餐厅应考虑其社会效益。此种预订方式主要考虑客人的身份比较特殊，故采取回避制度和保密制度。

七、网络预订

在信息社会的今天，网络预订已经越来越为客户所选择，方便、快捷。网络、微信等社交软件的推广与流行，使得预订工作更加便捷。

服务提示　　　　　　　　　**预订技巧**

预订过程中，常会出现客人预订后未按约定时间到达而影响其他客人不能按时就餐的现象，因此，餐厅在接受客人预订时要强调时间的重要性，告诉客人可以保留的最后时限，以提高座位周转率，从而保证酒店的经济效益。

任务单二　了解预订方式

一、选择合适的预订方式填在括号中。

1. (　　　　)主要用于接受客人询问，向客人介绍餐厅有关事宜，为客人检查核对时间、地点和有关细节，比较适合一些关系客户和老客户。

2. (　　　　)主要用于促销活动、回复客人询问、寄送确认信等，适用于提前较长时间的预订。

3. (　　)是最为有效的预订方式，其他餐厅预订方式绝大多数都要结合面谈方式进行，是应用最广、效果最好的预订方式。餐厅预订员与客人当面洽谈所有细节安排，解决客人提出的特殊要求等。

4. (　　)是带有行政命令的方式，指政府有关部门的指令性预订，一般不能拒绝。遇到指令性预订，所有与之有矛盾的预订都必须取消或改时间、改地点，酒店餐厅应考虑其社会效益。

5. (　　)在信息社会的今天，已经越来越为客户所选择，方便、快捷。

选项

A. 委托预订　　　　　B. 面谈预订　　　　　C. 电话预订

D. 信函预订　　　　　E. 网络预订　　　　　F. 指令预订

二、你熟悉哪种预订方式，并用这种方式为散客预订吧。

评价标准：

1. 预订服务程序完整；

2. 预订服务标准规范；

3. 迎宾服务语言恰当。

活动二▶ 服务形象

服务人员的形象是酒店服务工作的需要，也是服务人员自信自尊的体现，每一位员工都要塑造良好的服务形象。

信息页　服务形象

客人到餐厅就餐，不仅享受美食酒水，更要享受酒店的优质服务。良好的服务形象不仅可以带给宾客美的享受，同时也体现出对客人的重视和尊重。因此，服务人员树立良好的服务形象，有助于提高餐厅的服务质量，塑造酒店的整体形象。

一、餐厅女服务员的形象要求

餐厅女服务员是一道流动的风景，应面带微笑、精神饱满，服务规范、彬彬有礼，行动迅速、反应敏捷。对女服务员的要求如表2-1-3所示。

表2-1-3 餐厅女服务员的形象要求

项目	标准与要求
仪容要求	1. 发型：前不挡过眉毛，后面完全盘起来，不能梳披肩发，不能染色，不能梳奇异发型 2. 妆容：淡妆上岗，不能浓妆艳抹 3. 指甲：不能留长指甲，不能涂指甲油，保持手部干净整洁 4. 保持个人卫生
仪表要求	1. 上衣：干净整洁，所有纽扣全部扣好，口袋内不能放过多物品，否则衣服会变形 2. 裙子：裙子要无褶皱，平整干净 3. 鞋袜：穿浅色丝袜，不能穿黑色丝袜上岗，鞋子一般为皮鞋，要干净整洁，与服装搭配 4. 首饰：不能佩戴耳饰、项链、戒指、手链等，可以佩戴手表 5. 胸牌：工作服上需佩戴胸牌，以示自己的身份

二、餐厅男服务员的形象要求

餐厅男服务员要自然大方、精神饱满，服务规范、彬彬有礼，刚柔并济。对男服务员的要求如表2-1-4所示。

表2-1-4 餐厅男服务员的形象要求

项目	标准与要求
仪容要求	1. 头发：干净、清爽 2. 面部：胡子要每天刮，保持面部清洁 3. 口气：上岗前不吃带有刺激性气味的食品，保持口气清新，上岗后不能嚼口香糖 4. 不能使用浓烈香水，保持个人卫生
仪表要求	1. 上衣：衬衫领子保持干净，白色衬衫应每天更换；领带与服装搭配，保持平整，扣好所有纽扣，上衣不能缺纽扣；上衣口袋不能装过多物品，防止变形 2. 裤子：熨烫平整，保持干净 3. 鞋袜：深色袜子，每天更换，保持鞋面干净、整洁，最好搭配灰色、蓝色和黑色3种颜色的袜子

知识链接 **形象的内涵**

餐厅服务人员具有双重角色，既代表个人又代表酒店，这两种角色彼此依赖又互为联系，即酒店的形象是通过每位服务人员的服务形象来体现的。因此，餐厅的每位员工都要讲究职业道德、规范服务行为，做到笑脸相迎、服务热情、语言亲切、姿态优雅、落落大方，使自己的形象美成为内在美的自然体现，通过自己的良好服务形象和优质服务向宾客展示高素质职业人形象。

?? 任务单　服务形象

一、结合就餐经历，谈谈你对餐厅服务员的服务形象评价。

需要改进的方面：	值得肯定的方面：

二、按照餐厅服务人员服务形象标准和要求，自查服务形象。

评价标准：

1. 穿戴整齐、清洁卫生；

2. 符合服务形象标准要求；

3. 形象优雅、美观大方。

活动三▶ 餐前准备

餐前准备工作非常琐碎，对于就餐接待客人来说又至关重要，需要服务员耐心细致才能完成，你能做好这项工作吗？

信息页一　餐前准备

餐厅营业前，由餐厅经理或主管组织召开餐前例会，分配、布置当日工作。按服务要求做好开餐前的准备工作，是做好服务工作的开始。具体餐前准备如表2-1-5所示。

表2-1-5　餐前准备

准备项目	要求
个人准备	1. 精神饱满，面带微笑，端庄大方 2. 头发梳理整洁，着规定工装，洗涤干净，熨烫平整，纽扣齐全，工作牌统一佩戴 3. 按照服务形象要求做好个人准备

(续表)

准备项目	要求
环境准备	1. 一要地面净；二要四周净；三要餐具物品净；四要桌椅净；五要工作台净；六要饰物净 2. 做到洁净、干燥、无灰尘，还要注意灯光适宜，环境美化 3. 空调温度调节适宜 4. 绿色植物擦拭与浇灌 5. 灯光设备检查完好，无破损
物品准备	1. 餐酒用具数量齐全。如骨碟、翅碗、瓷勺、筷子、茶杯、玻璃器皿、茶壶、调味瓶等，按标准数量配备，如图2-1-1所示 2. 服务用品准备齐全。油笔、瓶起子、打火机、点菜单等服务用品齐全，毛巾的数量足够、温度适合 3. 设备设施正常运转 4. 摆台物品整齐，散台规定餐具呈一直线
熟悉餐厅布局	1. 要对餐厅的通道、走廊、洗手间、休息室、工作间、营业场所等了如指掌，便于有效工作 2. 餐台布置要合理，一般划分服务区域，如A区、B区、C区等，每个服务区域按餐台摆放顺序安排台号，方便服务，如1、3、5、7号 3. 通常不设置13或带4的台号等
菜单准备	熟悉当日菜单、品种、价格和沽清的品种，便于为宾客提供优质服务

图2-1-1　餐酒用具

任务单一　餐前准备

　　请依据零点餐厅准备的内容与要求，进行小组内分工合作，做好餐前准备的各项工作。

准备项目	分工负责	完成情况
个人准备		
环境准备		
物品准备		
熟悉餐厅布局		
菜单准备		

信息页二　中餐零点摆台

零点摆台要根据餐厅的布局，定好座位，铺好台布，凸缝正面朝上，餐具花纹、图案对正，物品距离均匀，清洁卫生，整齐划一。

一、托盘端托

摆台需要掌握一些基本的技能。在实际服务工作中，徒手服务不安全、不卫生，现在普遍采用托盘端托的方式为客人提供服务。托盘端托是餐厅服务员必须掌握的基本服务技能和技巧，其操作卫生、运送方便、快速高效，能体现出餐厅服务标准化和规范化的要求。

托盘按规格划分，有大、中、小3种。按质地划分，有木质、金属、胶木防滑等多种。按形状划分，有方形和圆形2种，其中，大、中长方形托盘一般用于运送菜点、酒水和盘碟等较重物品；大、中、小形圆盘一般用于斟酒、展示饮品、送菜、分菜等，尤以小圆盘最为常用；15cm×10cm的小长方形盘则用于递送账单、收款、递送信件等，如图2-1-2、图2-1-3所示。

图2-1-2　长方形托盘　　　　　　　图2-1-3　圆形托盘

端托可以分成轻托和重托2种：轻托，指托盘里摆放的物品比较轻，在5kg以下，又叫胸前托，一般在送菜、端送酒水和席间服务时使用；重托，指托盘里摆放的物品比较重，在5kg以上，又叫肩上托，主要用于托较多的菜品、酒水和空碟。

轻托操作程序可分为理盘、装盘、端托、行走、卸盘几部分，如表2-1-6所示。

表2-1-6 轻托操作

项目	操作标准与要求
理盘	1. 根据托运物品选择合适的托盘 2. 洗净、擦干，保持托盘干净，如图2-1-4所示 3. 垫上干净垫布，垫布平铺整齐
装盘	1. 根据物品形状、体积、使用先后顺序进行合理装盘 2. 较重、较高的物品放里面，较轻、较低的物品放外面 3. 先用的物品放在前边、上边，后用的物品放在下面 4. 重量分布均匀，摆放整齐美观
端托	1. 保持托盘的平稳，汤汁不洒、菜肴不变形，动作干净利落 2. 先将托盘的1/3拉至操作台外 3. 左手托住托盘的底部，掌心位于底部中间，如图2-1-5所示，可用右手握住托盘边 4. 托盘较重时，可先屈膝，双腿用力使托盘上升，然后用手掌托住盘底
行走	1. 步伐轻盈、稳健，上身挺直，略向前倾 2. 视野开阔，动作敏捷
卸盘	1. 托盘服务时左手保持平稳，右手取物品上台或直接递给客人 2. 卸盘到服务桌时，右手协助左手把托盘推到工作台上，再取出物品，盘内物品减少时要及时调整重心

图2-1-4 擦干托盘

图2-1-5 左手托盘

端托注意问题：

(1) 装酒时，酒瓶商标向外，以便于宾客看清。

(2) 轻托不贴腹，手腕要灵活，切忌身体僵直，走时应步履轻快。

(3) 托盘不越过宾客头顶，随时注意数量、重量、重心的变化，手指做出相应的移动。

(4) 行走时必须头正、肩平、盘平，上身挺直，目视前方，脚步轻快而稳健，托盘可随着步伐在胸前自然摆动，但幅度要小，以防菜汁、汤水溢出。

(5) 托盘行走到目的地后站稳，卸盘时要弯膝不弯腰，以防汤汁外溢或翻盘。

(6) 托盘操作应严格按规范要求进行，以确保操作安全。

二、餐巾折花

餐巾，又名口布，是餐厅中常备的一种卫生用品，又是一种装饰美化餐台的艺术品，还可标示出主人、主宾的席位，指导客人落座。餐巾折花即餐厅服务员将餐巾折成各式花样，插在酒杯或摆放在盘碟内，供客人在进餐过程中使用。过去西餐多使用盘花，中餐多使用杯花。现代餐厅的餐巾花的发展趋势是盘花，盘花折叠简洁卫生、美观大方。餐巾折花的基本技法有叠、折、卷、穿、翻、拉、捏、掰、攥等。餐厅服务员应反复练习，以达到技艺娴熟、运用自如的要求。餐巾折花实例如图2-1-6～图2-1-9所示，评价标准如表2-1-7所示。

1. 领带折巾

(1) 长方折叠

(2) 正方折叠

(3) 三角折叠，两角相距3cm

(4) 右侧1/3折叠

(5) 左侧1/3折叠

(6) 整理成型

图2-1-6　领带折巾

2. 扇面送爽

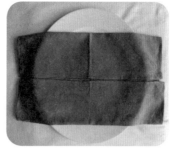

(1) 反面向上　　　　　　　　(2) 上下两边向中间对折

(3) 长方条形折叠，1/2处对折　　　　(4) 折叠成均等的3折

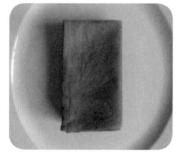

(5) 折叠成均等的6折　　　　(6) 折进第一夹层呈尖角状

(7) 拉夹层90°，呈尖角状　　(8) 双手打开花型　　　(9) 整理成型

图2-1-7　扇面送爽

3. 船形僧帽

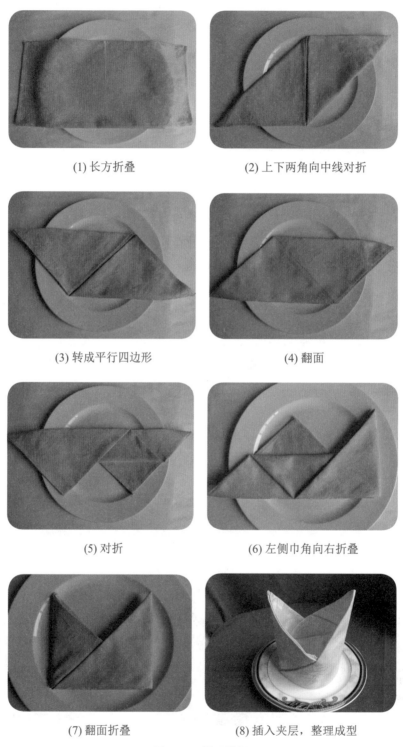

(1) 长方折叠   (2) 上下两角向中线对折

(3) 转成平行四边形   (4) 翻面

(5) 对折   (6) 左侧巾角向右折叠

(7) 翻面折叠   (8) 插入夹层，整理成型

图2-1-8　船形僧帽

4. 水仙盆景

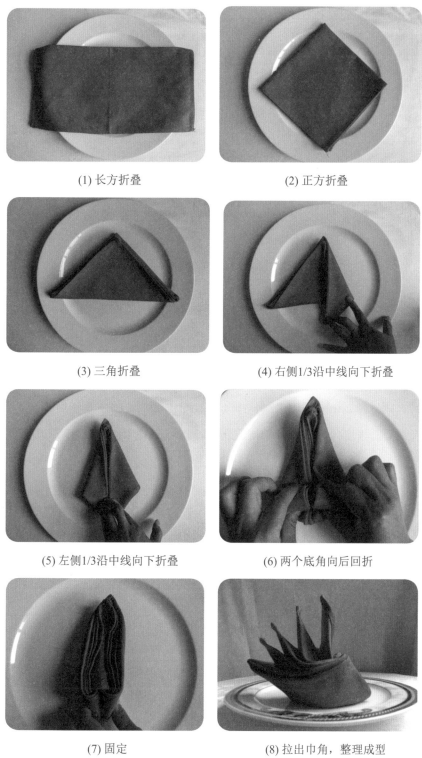

(1) 长方折叠　　　　　　　　　　(2) 正方折叠

(3) 三角折叠　　　　　　(4) 右侧1/3沿中线向下折叠

(5) 左侧1/3沿中线向下折叠　　　　(6) 两个底角向后回折

(7) 固定　　　　　　(8) 拉出巾角，整理成型

图2-1-9　水仙盆景

表2-1-7　盘花折叠评价标准

序号	项目	折叠标准和要求
1	礼节礼貌	1. 服装整洁 2. 表情自然
2	操作规范	1. 在平瓷盘内进行操作 2. 叠、折、翻、拉等技法正确，动作规范熟练、优美 3. 餐巾花观赏面朝向宾客
3	卫生要求	1. 折花前做好双手、用具的消毒工作 2. 不用牙叼咬、下巴按，不用辅助物 3. 手不触摸盘内
4	花型质量	1. 线条挺括 2. 造型美观 3. 形象逼真
5	折花速度	一般每个盘花折叠不超过40秒

三、摆台

1. 摆座椅

餐桌摆好后设定座位。四方桌每边一个座位，长方桌每53cm～76cm间设一位。如果4人桌放置两人座位，座位必须面向餐厅中央，不宜面向墙壁或正对大门。圆桌则以减少桌腿妨碍客人到最低程度为原则。椅子摆放要整齐划一。

2. 铺台布

铺放台布时，要求在同一餐厅内餐台的台布凸缝横、竖铺放时都要统一朝向。方桌台布中心与桌面中心重合，4角垂下长度相等，如图2-1-10所示；圆桌台布同宴会台布铺放要求。一般使用抖铺式或推拉式铺台布方法，撒网式适用于场地较宽敞，或大赛时使用，如表2-1-8所示。

表2-1-8　铺台布

方式	标准与要求
抖铺式	双手将台布打开，平行打折后将台布提拿在双手中，身体呈正位站立式，利用双腕的力量，将台布向前一次性抖开并平铺于餐台上。这种方法适合宽大的场地，如图2-1-11所示
推拉式	双手将台布打开后放至餐台上，将台布贴着餐台平行推出去再拉回来。这种方法多用于零点餐厅或地方窄小的地方
撒网式	将台布打开后，双手沿1/3处平行握于胸前，上体向左侧转体，然后向右转，如撒网般撒向桌面，注意双手一定要握紧桌布的边缘

图2-1-10　铺好的台布

图2-1-11　抖铺式

3. 摆餐具(如表2-1-9所示)

表2-1-9　摆餐具

步骤	摆放标准与要求
摆餐碟	从主人位开始摆起，展示盘、骨碟摆在餐位正中，距桌边1cm，每个骨碟之间距离均等
摆汤碗、汤勺、味碟	汤碗摆在骨碟左前方，汤勺摆在汤碗中，勺柄向左。味碟摆在右前方。两件餐具横向呈一条线
摆筷子、筷子架	筷子架摆在味碟右侧，筷子摆在筷子架上，图案文字要对正，筷柄距桌边1cm
摆水杯	水杯摆在骨碟正前方，距骨碟约2cm
摆茶具	茶具一般摆在餐位右侧，距筷子2cm、桌边1cm，如图2-1-12所示
摆餐巾花	将折叠好的餐巾花插入杯中或放入盘中，如图2-1-13所示

图2-1-12　茶具放置

图2-1-13　摆餐巾花

服务提示   摆台技巧

(1) 其他餐酒具及公用餐具应等客人入座后，根据客人需要随时增加。

(2) 早餐摆台与午晚餐摆台基本相同，早餐一般不摆水杯。

⁇ 任务单二　中餐零点摆台

一、填写轻托的操作程序与端托要领。

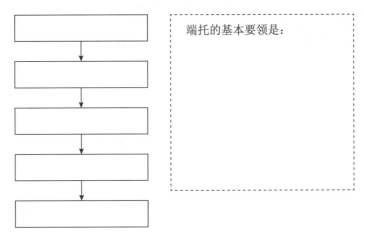

端托的基本要领是：

二、小组合作，模拟进行轻托服务。

1. 托运餐具服务；

2. 托运酒水服务；

3. 托运菜肴服务；

4. 托运账单服务。

三、学习餐巾折花信息页，完成填空。

1. 餐巾具有_____、_____、_____的作用。

2. 餐巾花的发展趋势是_____，它折叠简洁卫生、美观大方。

3. 餐巾折花的基本技法有_____等。

四、小组合作，折叠餐巾花。

盘花

花型名称及成型标准

五、小组合作，理解零点摆台标准和要求，完成中餐厅零点摆台。

摆台顺序	标准要求
摆餐碟	
摆汤碗、汤勺、味碟	
摆筷子、筷子架	
摆水杯	
摆茶具	
摆餐巾花	

六、模拟召开零点餐厅的餐前例会。

任务评价

任务一　餐前准备工作

评价项目	具体要求	评价			
		☺	😐	☹	建议
餐前准备工作	1. 了解零点餐厅特点				
	2. 了解预订方式				
	3. 熟练为散客提供电话预订服务				
	4. 掌握按服务形象要求准备个人形象				
	5. 掌握零点餐台布置				
	6. 掌握零点餐厅的餐前准备工作				
学生自我评价	1. 准时并有所准备地参加团队工作				
	2. 乐于助人并主动帮助其他成员				
	3. 遵守团队的协议				
	4. 全力以赴参与工作并发挥了积极作用				
小组活动评价	1. 团队合作良好，都能礼貌待人				
	2. 工作中彼此信任，互相帮助				
	3. 对团队工作都有所贡献				
	4. 对团队的工作成果满意				
总计		个	个	个	总评

在餐前准备工作中，我的收获是：

在餐前准备工作中，我的不足是：

改进方法和措施有：

任务二

迎宾接待服务

工作情境

迎宾接待服务中，迎宾员是酒店餐厅的代表，其甜美的微笑、礼貌的问候、优雅的引领、得体的让座，都将给客人留下深刻的印象。请你作为餐厅的迎宾员，接待零点餐厅的就餐客人，为客人提供高品质服务。

具体工作任务

- 掌握迎宾引领服务；
- 掌握餐前接待服务。

活动一 ▶ 迎宾引领服务

迎宾员是餐厅的窗口，酒店对迎宾员的形象与综合素质要求很高。迎宾员最先接待客人，最后送走客人，你能胜任这项工作吗？

信息页 迎宾引领

迎宾员在客人未到之前，应做好个人仪容仪表的准备工作，准备好迎宾所用的菜单，清洁迎宾区域的卫生，熟悉预订情况。迎宾引领服务具体如表2-2-1、表2-2-2所示。

表2-2-1 迎宾引领服务

服务程序	服务标准和要求
规范站位	1. 准备好迎宾用品 2. 在餐厅门口按照站姿标准站位
迎接询问	1. 客人来到餐厅时，迎宾员应面带微笑主动上前问好，如图2-2-1所示 2. 如客人已预订，迎宾员应热情地引领客人入座 3. 如客人没有预订，迎宾员则礼貌地将客人安排到满意的餐台
引领餐位	1. 走在客人侧前方1m左右 2. 速度与客人保持一致 3. 适当提醒，如台阶、转弯、电梯，以及遇路面湿滑情况时，要提醒客人注意安全

(续表)

服务程序	服务标准和要求
拉椅让座	1. 迎宾员将客人带到餐台边，拉椅让座，值台服务员应主动上前问好并协助为客人拉椅，注意女士优先，与迎宾员交流客人情况 2. 动作要迅速、敏捷，力度要适中、适度，如图2-2-2所示
递送菜单	1. 迎宾员在开餐前应认真检查菜单，保证菜单干净整洁、无破损 2. 按引领客人人数，拿取相应数量的菜单 3. 客人入座后打开菜单第一页，转到(放到)客人面前，并说"请您点菜"
礼貌道别	1. 值台员接待客人后，迎宾员可以轻声道别 2. 回到岗位，在记录单上做好记录

图2-2-1　迎接询问

图2-2-2　拉椅让座

表2-2-2　迎宾记录表
年　月　日　星期

餐别	预订客人			零散客人			人数
	人数	时间	台号	人数	时间	台号	总计
早　餐							
午　餐							
晚　餐							
总　计							

备注：1. 每天统计一张。

　　　2. 人数统计可细分为住店客人、店外客人等。

　　　3. 时间统计可划分为时段统计。

　　　4. 台号统计可知晓区域流动和热门餐桌。

迎宾员不仅要能够按照标准和要求为宾客服务，还要针对一些特殊情况迅速作出判断，正确迎宾，具体情况如下。

(1) 遇VIP宾客前来就餐时，餐厅经理(主管)应在餐厅门口迎宾。

(2) 如遇迎宾员迎领客人进入餐厅而造成门口无人时，餐厅领班应及时补位，以确保客人前来就餐时有人迎接。

(3) 如遇客人前来就餐而餐厅已满座时，应请客人在休息处等候，并表示歉意。待餐厅有空位时应立即安排客人入座。也可以将客人介绍至酒店的其他餐厅就餐。

(4) 迎宾员在安排餐桌时，应注意不要将客人同时安排在一个服务区域内，以免有的服务员过于忙碌，有的则无所事事，影响餐厅服务质量。

(5) 如遇带儿童的客人前来就餐，迎宾员应协助服务员送上儿童座椅。

(6) 如遇客人来餐厅门口问询，如问路、看菜单、找人等，迎宾员应热情地帮助客人，尽量满足其要求。

任务单　迎宾引领服务

一、阅读信息页，填写迎宾服务程序。

```
┌──────────────────────┐
│   迎宾引领服务程序      │
└──────────────────────┘
        │  ┌────────────────────────────────┐
        ├──│                                │
        │  └────────────────────────────────┘
        │  ┌────────────────────────────────┐
        ├──│                                │
        │  └────────────────────────────────┘
        │  ┌────────────────────────────────┐
        ├──│                                │
        │  └────────────────────────────────┘
        │  ┌────────────────────────────────┐
        ├──│                                │
        │  └────────────────────────────────┘
        │  ┌────────────────────────────────┐
        ├──│                                │
        │  └────────────────────────────────┘
        │  ┌────────────────────────────────┐
        └──│                                │
           └────────────────────────────────┘
```

二、讨论：迎宾服务要领有哪些？

三、模拟迎宾服务。

评价标准：

1. 迎宾服务程序完整；

2. 迎宾服务标准规范；

3. 迎宾服务语言恰当。

四、判断。

1. 如遇迎宾员迎领客人进入餐厅而造成门口无人时，客人前来要等候。（　　）

2. 如遇客人前来就餐而餐厅已满座时，应请客人在休息处等候，并表示歉意。（　　）

3. 在安排餐桌时，应将客人同时安排在一个服务区域内，便于集中照顾客人。（　　）

4. 如遇带儿童的客人前来就餐，迎宾员应协助服务员送上儿童座椅。（　　）

活动二 **餐前接待服务**

餐前接待是客人感受服务是否到位的又一环节，作为值台员，要与迎宾员做好衔接工作，不能让客人等候。

信息页 **餐前接待服务**

客人入座后，迎宾员将客人就餐人数、宾主姓名等信息告知值台服务员后，应礼貌地向客人告别。值台服务员继续为客人提供餐前各项接待服务工作，如表2-2-3所示。

表2-2-3　餐前接待服务

服务项目	服务标准及要求
加减餐位	1. 按用餐人数撤去多余的餐具(如有加位则补上所需餐具)，并调整座椅间距 2. 如有小孩就餐，需搬来加高童椅，并协助小孩入座
递铺餐巾	1. 一般应在客人右侧为客人铺餐巾，如果在不方便的情况下(如一侧靠墙)，也可以在客人左侧为客人铺餐巾，如图2-2-3所示 2. 铺餐巾时应站在客人右侧，拿起餐巾，将其打开，注意右手在前、左手在后，将餐巾轻轻铺在客人腿上，注意不要把胳膊肘送到客人的面前(左侧服务相反)
撤去筷套	1. 在客人的右侧，用右手拿起带筷子套的筷子，交予左手，用右手打开筷套封口，捏住筷子的后端并取出，摆在桌面原来的位置上 2. 每次脱下的筷套握在左手中，最后一起撤走
服务毛巾	1. 根据客人人数从保温箱中取出小毛巾放在毛巾篮或托盘中，如图2-2-4所示 2. 毛巾要干净无异味，站在客人右侧服务 3. 客人用过毛巾后，征询客人同意后可撤下 4. 根据季节调节毛巾温度，夏季用凉毛巾，冬季用热毛巾
服务酱料	按客人人数服务酱料，一般10人以下一份，10人以上双份(如花生、榨菜等)
服务茶水	1. 服务茶水时，应先询问客人喜欢何种茶，适当作介绍并告知价位 2. 在客人右侧倒第一杯礼貌茶，以7分满为宜，按照先宾后主的顺序为客人倒茶水 3. 为全部客人倒完茶，将茶壶添水8分满后，放在转盘上，壶嘴不能朝向客人 4. 壶盖掀开放于壶口与壶柄连接处，暗示服务员茶壶要及时加水

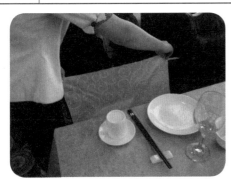

图2-2-3　递铺餐巾

图2-2-4　服务毛巾

餐前接待服务工作中，服务员之间要相互配合，迅速为宾客提供各项服务，不能让客人等候过长时间，也不能所有的服务员都为一张餐桌的客人服务。

ⓥ 任务单　餐前接待服务

一、阅读信息页，填写餐前接待服务程序。

```
┌──────────────────┐
│  餐前接待服务程序  │
└──────────────────┘
        ├─ [                              ]
        ├─ [                              ]
        ├─ [                              ]
        ├─ [                              ]
        ├─ [                              ]
        └─ [                              ]
```

二、讨论：餐前接待服务要领有哪些？

服务项目	服务要领
加减餐位	
递铺餐巾	
撤去筷套	
服务毛巾	
服务酱料	
服务茶水	

三、模拟餐前接待服务。

评价标准：

1.餐前服务项目齐全；

2.餐前服务标准规范；

3.餐前服务语言恰当；

4.餐前服务配合默契。

任务评价

任务二　迎宾接待服务

评价项目	具体要求	评价			
		😊	😐	☹	建议
迎宾接待服务	1. 掌握迎宾引领服务				
	2. 掌握餐前接待服务				
学生自我评价	1. 准时并有所准备地参加团队工作				
	2. 乐于助人并主动帮助其他成员				
	3. 遵守团队的协议				
	4. 全力以赴参与工作并发挥了积极作用				
小组活动评价	1. 团队合作良好，都能礼貌待人				
	2. 工作中彼此信任，互相帮助				
	3. 对团队工作都有所贡献				
	4. 对团队的工作成果满意				
总计		个	个	个	总评

在迎宾接待服务工作中，我的收获是：	
在迎宾接待服务工作中，我的不足是：	
改进方法和措施有：	

任务三　点菜服务

工作情境

　　值台服务员为宾客提供了餐前的一系列服务工作，宾客在这个过程中也浏览了菜单。你能适时走上前去询问客人，熟练地为宾客点菜，并在点菜过程中，主动为宾客提供菜肴的信息和帮助，且根据客人的特点和需求有针对性地进行推销吗？

具体工作任务

- 熟练填写点菜单；
- 熟悉点菜服务；
- 会推销菜肴。

活动一 ▶ **进行点菜服务**

点菜服务是服务员必须掌握的一项专业基本功之一，在餐厅的经营和销售中起着重要作用。你能够依据点菜的程序和要求，为宾客进行点菜服务吗？

信息页一 **点菜服务**

练好点菜服务基本功，需要做好点菜前的准备工作。

一、点菜准备工作

(1) 准备好点菜用具，如菜单(如图2-3-1所示)、酒单、点菜单、点酒单、圆珠笔等。

图2-3-1 菜单

(2) 熟悉菜单中的菜肴。

(3) 了解当日沽清的菜肴和推荐的菜肴。

(4) 给客人足够的时间浏览菜单，注意客人的点菜信息。

二、点菜服务

点菜服务对服务员的要求很高，不仅要熟悉菜单，还要了解宾客的就餐心理，洞察宾客的就餐需求，根据餐厅实际情况为客人点菜，具体如表2-3-1所示。

表2-3-1　点菜服务

点菜程序	标准和要求
递送菜单	当客人入座后，服务员打开菜单第一页，双手呈递给主人。如不能确定主人，可征询意见，再递上菜单；对于夫妇，应先递给女士
接受点菜	1. 待客人浏览菜单(5~10分钟)后，值台服务员要主动礼貌地问候客人，征询客人是否可以点菜 2. 站在宾客右侧，左手持点菜单(点菜机)，右手持笔，身体微前倾，认真倾听客人的叙述
提供建议	1. 适时介绍菜肴特点，根据需求推荐特色菜 2. 根据人数介绍菜肴数量，适时提出合理建议 3. 认真回答客人提问，特殊菜肴要向客人说明
准确记录	迅速、准确地记录菜肴：填写点菜单表头、台号、人数等；填写菜式的品名和数量；冷热、海鲜、点心、主食分单填写
复述确认	1. 复述客人所点菜肴，请客人确认 2. 询问酒水饮料，记录清晰(同点菜要求) 3. 收回菜单和酒单，礼貌致谢，请客人稍等
落单下厨	将所点菜肴发送到厨房，凉菜部、热菜部、收银处打印电子菜单，分别送至收银处、传菜部、订台服务员等处，以便菜肴在制作和送至餐台过程中予以确认

服务提示　　　　　点菜注意事项

(1) 掌握餐厅经营菜品的烹调方法、口味特点、菜量、菜系等。

(2) 掌握本餐厅的特色菜肴和时令菜肴，适时推荐。

(3) 掌握顾客心理，考虑客人的地区、爱好、年龄、职业等因素。

(4) 推荐时注意口味、品种、形状、器皿、烹调方法等方面的搭配。

(5) 依据客人人数，注意菜量，及时提醒客人。

(6) 注意语言技巧，比如：我现在可以为您点菜吗？您觉得佛跳墙这道菜怎么样？您喜欢西湖醋鱼这道菜吗？您的菜应该够用了。尽量使用一些建议性、征询性的语言。

三、电子点菜

电子点菜是餐厅点菜的发展趋势，具有方便、快捷的特点。中餐零点点菜服务中，餐厅采用局域网络的形式，将前台餐厅电脑终端输入与后台厨房打印设备和收银结账终端连接，前台服务员将宾客所点的菜肴品种通过电脑终端按编号输入，按回车键后，后台厨房打印机立即将所点的菜肴按冷菜、热菜、点心分别打印出两联，一联用于传菜，二联用于厨房出菜。收银员电脑终端自动生成账单，如果取消菜肴必须由督导层管理人员授权。点菜电脑如图2-3-2所示，点菜器如图2-3-3所示。

图2-3-2 点菜电脑

图2-3-3 点菜器

另外，还有更为简便的电子点菜设备，即前台服务员手持遥控点菜器，直接将宾客所点的菜肴通过遥控器发射至厨房和收银台，厨房直接打印点菜、出菜，账台自动生成账单。

知识链接

无线点菜机功能

(1) 服务前：查询空闲餐台和预订，查询菜品、套餐、酒店推荐菜等。

(2) 服务中：开台、换台、撤台、点菜、加菜、退菜、催菜、菜品叫叫，查询菜品的制作进度，菜品上桌后勾挑，支持拼音法输入临时菜、制作方法、口味要求等。

任务单一 点菜服务

一、讨论：服务员点菜前应做好哪些准备工作？

二、阅读信息页，填写点菜服务程序。

三、填空。

1. 待客人浏览菜单_____后，值台服务员要主动礼貌地问候客人，征询客人是否点菜。

2. 接受客人点菜时，要站在宾客_____，左手持点菜单，右手持笔，身体微前倾，认真倾听客人的叙述。

3. 填写记录的要求有_____。

4. 复述客人所点菜肴，请客人确认的目的是_____。

四、讨论：点菜服务要领有哪些？

五、模拟点菜服务。

评价标准：

1. 点菜服务程序完整；

2. 点菜服务标准规范；

3. 点菜服务语言恰当；

4. 点菜服务配合默契。

点菜单

日期	人数	台号	服务员

点菜单

日期	人数	台号	服务员

活动二 ▶ 点菜服务技巧

点菜时要掌握一定的技巧，这也是为宾客提供点菜服务的法宝。你掌握这些技巧了吗？快到信息页中找答案吧！

信息页 点菜服务技巧

点菜是一门学问，优秀的服务员应具备丰富的点菜经验，善于察言观色，运用点菜技巧，根据客人的需求为其推荐适宜的菜肴。

一、判断宾客点菜需求的技巧

点菜时要细心观察并掌握"一看二听三问"的技巧。

(1)"看"。看客人的年龄、举止情绪，是商务客人还是政务客人，是外地客人还是本地客人，是吃便饭还是洽谈生意，是宴请朋友聚餐还是调剂口味，是炫耀型还是茫然型，重要的是服务员要观察出谁是主人，谁是客人。

(2)"听"。听口音，如果客人的口音和你是一个地区的，那你可以用方言和他交流，客人会备感亲切，也可以从顾客的交谈中了解其与同行之间的关系。

(3)"问"。征询客人饮食需要，看其喜欢哪些菜不喜欢哪些菜，上次吃过什么菜。服务员可根据情况向客人推介新菜和上次用过的菜。

二、搭配菜肴的技巧

色泽：菜品的外部色彩。　　　　　味型：菜品的口味，酸甜苦辣咸等。

造型：菜品的外部形态。　　　　　器皿：菜品使用的盛器。

原料：菜品制作使用的原料搭配。　烹式：菜品制作的烹调方法。

时间：菜品制作时间。　　　　　　价格：根据客人搭配相应的价格菜品。

意境：整桌菜品的感官意境。　　　成本：考虑菜品的成本价值。

推荐：厨房急推、推荐、特价、新品等。分量：根据人数考虑菜品分量。

三、点菜语言技巧

1. 选择问法

选择问法，即用选择性的推销语言询问客人，使客人更容易作出决定。如："您喜欢白酒还是啤酒？"而不要说："您喝酒吗？"

2. 语言加法

语言加法，即罗列菜肴的各种优点，使客人更感兴趣。例如："这道菜不仅味道好，原料也十分新鲜，含有多种营养，还对虚火等症有辅助疗效。"

3. 赞美法

赞美法，即在点菜过程中使用赞美的语言。例如："五谷丰登是我们这里的特色主食之一，您不妨试试。""您真有眼光，这道菜的确物超所值。"

4. 亲近法

亲近法多用于熟客，以朋友的身份推荐菜肴。例如："您是我们餐厅的贵宾，今晚我介绍一道菜给您，这是最近推出的特色菜肴，您尝尝怎么样？"

任务单　点菜服务技巧

一、讨论：点菜时怎样为客人提供建议？

二、写出点菜推销语言(每种不少于两句)。

1. 选择问法。_____

_____

2. 语言加法。_____

_____

3. 赞美法。_____

_____

4. 亲近法。_____

_____

三、编写点菜案例：4位旅游的客人到餐厅就餐，请你为客人提供点菜服务。

四、模拟点菜服务：为全家聚餐的零点客人点菜。

评价标准：

1. 点菜服务程序完整；

2. 点菜服务标准规范；

3. 点菜服务语言恰当；

4. 点菜服务突出技巧。

任务评价

任务三　点菜服务

评价项目	具体要求	评价			建议
		😊	😐	😞	
点菜服务	1. 熟练填写点菜单				
	2. 熟悉点菜服务				
	3. 会推销菜肴				
学生自我评价	1. 准时并有所准备地参加团队工作				
	2. 乐于助人并主动帮助其他成员				
	3. 遵守团队的协议				
	4. 全力以赴参与工作并发挥了积极作用				

(续表)

评价项目	具体要求	评价			
		☺	😐	☹	建议
小组活动评价	1. 团队合作良好，都能礼貌待人				
	2. 工作中彼此信任，互相帮助				
	3. 对团队工作都有所贡献				
	4. 对团队的工作成果满意				
总计		个	个	个	总评

在点菜服务工作中，我的收获是：

在点菜服务工作中，我的不足是：

改进方法和措施有：

任务四

酒水服务

工作情境

酒水服务是餐饮服务工作之一，服务员应时刻保持优雅的仪态，规范地操作、娴熟地斟酒，为宾客带来美的享受。请你按照餐厅中常见酒种的服务标准和方法为宾客提供酒水服务，并在进餐过程中，及时为宾客添加，让宾客享受到餐厅高标准的酒水服务。

具体工作任务

- 了解白酒常识，掌握白酒服务；
- 了解啤酒常识，掌握啤酒服务；
- 了解葡萄酒常识，掌握葡萄酒服务；
- 了解饮料常识，掌握饮料服务。

活动一▶ 白酒服务

白酒服务是餐厅服务人员应掌握的一门基本技能，中餐厅的客人就餐往往会点白酒。了解白酒知识，掌握白酒斟酒服务的技巧尤为重要。

信息页一　白酒服务

白酒酒精度数高，又叫烧酒，无色透明、口感丰富，是散客经常点的酒品之一，如图2-4-1。白酒具有活跃就餐气氛、交流感情的作用，深受饮酒宾客的喜爱。白酒服务如表2-4-1所示。

图2-4-1　白酒

表2-4-1　白酒服务

服务程序	标准与要求
准备	1. 宾客点了白酒后，立即去酒吧取酒，不得超过5分钟 2. 值台服务员准备白酒杯，摆在水杯的右侧
示酒	1. 站在主人右侧，左手托瓶底，右手扶瓶颈 2. 双手持酒盒(瓶)展示给客人，请客人确认，同时询问客人："先生/女士，可以为您服务白酒吗？" 3. 得到客人的确认后开启
开瓶	1. 将酒瓶置于服务台上，轻轻开启 2. 注意安全，不要划破瓶口或自己
服务	1. 将酒瓶握在右手，左手持一块干净的餐巾为宾客斟倒，瓶杯口间距1~2cm，斟酒量为8分满 2. 按照先宾后主、女士优先的原则，依次为宾客斟酒 3. 每倒完一杯酒要轻轻转动一下酒瓶口，避免酒滴在台布上
添加	1. 随时为宾客添加白酒 2. 当整瓶酒将要倒完时，询问宾客是否再加一瓶，如宾客不再加酒，即观察宾客，待其喝完酒后，立即将空瓶、空杯撤掉；如宾客同意再加一瓶，服务程序和标准同上

任务单一　白酒服务

一、填写白酒服务程序。

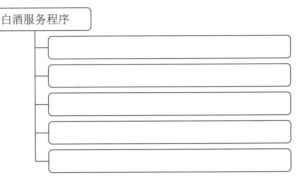

白酒服务程序

二、讨论：斟倒白酒服务要领有哪些？

三、模拟白酒服务。

评价标准：

1. 白酒服务程序完整；

2. 白酒服务标准规范；

3. 白酒服务不滴不洒；

4. 白酒服务语言恰当。

信息页二　中国酒

中国酒主要有白酒和黄酒两大类。中国白酒酿造历史非常悠久，流传也十分广泛，但各地生产的白酒却各有特色。

酒是一种用谷物、水果或其他含有丰富糖分或淀粉的植物，经过发酵、陈酿等方法生产出来的含乙醇饮料。

按商业习惯，可将中国酒分为白酒、黄酒、果酒、药酒、啤酒等5类；若以生产方法的不同来划分，可分为蒸馏酒、发酵酒、配制酒等3类；若按酒精含量来划分，又可分为高度酒(40°以上)、中度酒(40°以下20°以上)和低度酒(20°以下)。

1. 白酒

白酒是一种高浓度的酒精饮料，是以谷物或薯类为原料酿造而成的。采用蒸馏法制造的白酒，其酒精含量多在50°～60°，即使现今市场上走俏的所谓"低度白酒"，也多在30°以上。白酒讲究色、香、味，即清澈透明、醇香诱人、香型独具，如表2-4-2所示。

表2-4-2 白酒香型及特点

香型	特点	代表酒品
酱香型	醇香馥郁，香气幽美，回味绵长	茅台
浓香型	"香、甜、浓、净"四绝，芳香浓郁，回味余长	五粮液
清香型	清香醇正，醇香柔和，余味爽净	汾酒
米香型	蜜香清雅，落口甘爽，回味怡畅	桂林三花酒
复合香型	一酒多香，各有不同香味	董酒

2. 黄酒

黄酒因其颜色而命名，又称老酒，是一种低度酒，酒精含量一般在15%～20%。黄酒也是用谷物酿造的。黄酒中含有十多种氨基酸，大多数氨基酸是人体不能合成的而且是人体所必需的。据测定，每升黄酒中赖氨酸的含量在中外各种营养酒类中最丰富，所以人们把黄酒誉为"液体蛋糕"。黄酒酒精含量低于白酒等蒸馏酒，不但营养丰富，且具补血气、助运化、舒筋活血、健脾补胃、祛风寒的功能。如绍兴的加饭酒、状元红、即墨老酒等，如图2-4-2所示。

图2-4-2 黄酒

3. 果酒

果酒是以水果为原料发酵而酿成的酒。由于葡萄酒在产量、质量、品种、名声等方面都远远超过其他水果酒，自然也就成为果酒类的代表。葡萄酒不经过蒸馏过程，它属于发酵酒类，因此较好地保留了鲜葡萄果实中的各种营养成分，同时在发酵和陈化过程中发生的一系列变化，又产生了对人体非常有益的新营养物质。这些成分形成了葡萄酒的特殊风味，也构成了其营养性能，酒中含有醇、酸、糖、酯类、矿物质、蛋白质、多种氨基酸和多种维生素，适量饮用有益于健康，不仅能滋补健身、开胃和助消化，而且对心血管病、贫血、低血压、神经衰弱等有较好的防治效果。葡萄酒酒精含量较低，一般在8°～24°，现在市场上出售的我国生产的葡萄酒大多在12°左右。

任务单二　中国酒

一、填写白酒的香型及代表酒品。

香型	特点	代表酒品
	醇香馥郁，香气幽美，回味绵长	
	"香、甜、浓、净"四绝，芳香浓郁，回味余长	
	清香醇正，醇香柔和，余味爽净	
	蜜香清雅，落口甘爽，回味怡畅	
	一酒多香，各有不同香味	

二、调查或上网查询：我国著名白酒有哪些？

酒名	产地	原料	特点	酒度

活动二　啤酒服务

啤酒服务是餐厅服务人员应掌握的一门基本技能。中餐厅的客人就餐时经常会点啤酒，服务员要懂得啤酒常识，掌握啤酒斟酒服务的技巧，以便提供优质服务。

信息页一　啤酒服务

啤酒是外文的译音，传入我国只有100多年的历史。啤酒是风行世界的营养饮料，是大众化的酒精饮品，以大麦、啤酒花等为原料酿造而成，酒精度数低，味道醇正爽口，营养价值较高，能促进食欲和消化，是餐厅中客人喜爱的酒品之一。啤酒服务如表2-4-3所示。

表2-4-3　啤酒服务

服务程序	标准与要求
准备	宾客点了啤酒后，立即去酒吧取酒，不得超过5分钟
示酒	1. 整瓶的啤酒，要站在主人右侧，左手托瓶底，右手扶瓶颈示酒 2. 得到客人的确认后开启

(续表)

服务程序	标准与要求
开瓶	1. 瓶装啤酒同白酒开启，注意开启前不要摇晃 2. 罐装啤酒开启时，将易拉罐开口朝外，不能对着人，开启前禁止摇晃
服务	1. 右手握啤酒瓶下半部，酒标向外，酒液沿杯壁缓缓倒入，再采用倾注法使酒液呈8分满、泡沫1～2cm，略超过杯沿为宜，如图2-4-3所示 2. 将啤酒瓶放在酒杯旁边
添加	同白酒添加

图2-4-3　啤酒斟倒标准

知识链接

　　啤酒是大麦发芽的辅料糖化后，加啤酒花和酵母发酵而制成的。啤酒是含酒精度数最低的一种酒，只有3°～5°，含有丰富的营养成分，除水和碳水化合物外，还富含酒花、蛋白质、二氧化碳以及氨基酸、钙、磷、维生素等。啤酒又素有"液体面包"之美誉。

　　啤酒花含有挥发性的芳香油，使啤酒兼备特殊的香气和爽口的苦味，因而具有健胃、利尿和镇静的功效，而二氧化碳使啤酒具有消暑散热之功能。

任务单一　啤酒服务

　　一、填写啤酒服务程序。

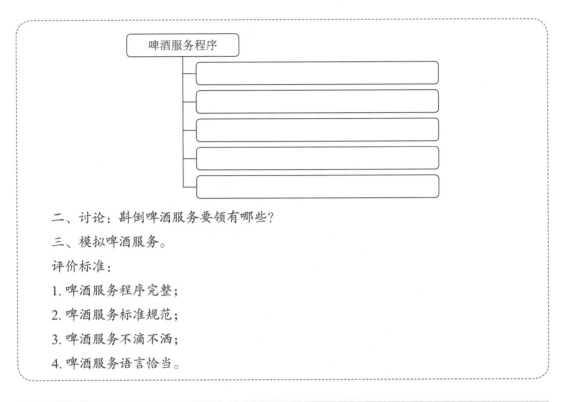

啤酒服务程序

二、讨论：斟倒啤酒服务要领有哪些？

三、模拟啤酒服务。

评价标准：

1. 啤酒服务程序完整；

2. 啤酒服务标准规范；

3. 啤酒服务不滴不洒；

4. 啤酒服务语言恰当。

信息页二 斟酒服务

一、冰镇酒水技巧

许多酒品的饮用温度低于室温，这就要求对酒品进行降温处理。白葡萄酒、香槟酒等比较名贵的瓶装酒大都采用冰镇的方法来降温。冰镇可采用加冰块、加碎冰和冷藏等方法。啤酒放入冰箱即可冷藏降温，一般是6～10℃，注意不能太凉，以免影响口感。

汽酒、葡萄酒的冰镇需用冰桶，桶中放入中型冰块或冰水共溶物，酒瓶斜插入冰桶中，大约10分钟后可达到降温效果。

二、温烫酒水技巧

有的客人饮用白酒、黄酒时喜欢加热，这就需要服务人员对酒品进行温烫。温烫有4种常用方法：水烫、火烤、燃烧和冲泡。

(1) 水烫，即将饮用酒倒入烫酒器，然后置入热水中升温。

(2) 火烤，即将酒装入耐热器皿，置于火上烧烤升温。

(3) 燃烧，即将酒盛入杯盏内，点燃酒液以升温。

(4) 冲泡，即将沸滚饮料(水、茶、咖啡等)冲入酒液，或将酒液注入热饮料中。

三、添加酒水技巧

(1) 服务员要随时注意每位来宾的酒杯，杯中不足1/3时，应及时添加，不要弄错酒水。

(2) 为客人添加酒水至客人示意不要为止，如果酒水用完应征询客人意见是否需要添加。

(3) 当客人起立干杯、敬酒时，要帮客人拉椅、推椅，但要注意客人的安全。

(4) 时刻注意桌面情况，待客人杯中酒快用完时，可再次斟酒，尽量避免客人叫添酒。

(5) 如果客人要求啤酒与汽水混合饮用，则应先斟啤酒，再斟汽水。

任务单二　斟酒技巧

一、小组讨论：斟酒服务技巧。

冰镇	温烫	添加

二、模拟操作：斟酒服务。

评价标准：

1. 服务方法正确；

2. 符合规范要求。

活动三 ▶ 葡萄酒服务

葡萄酒服务是餐厅服务人员应掌握的一门基本技能。服务人员要懂得葡萄酒常识，掌握葡萄酒斟酒服务及技巧，以便提供优质服务。

信息页一　葡萄酒服务

葡萄酒是用新鲜的葡萄或葡萄汁经完全或部分发酵酿成的酒精饮料，通常分为红葡萄酒、白葡萄酒和桃红葡萄酒3种。红葡萄酒(如图2-4-4所示)一般用红葡萄品种酿制；白葡萄酒可用白葡萄品种，或者脱皮的红葡萄品种酿制；粉红葡萄酒用红葡萄品种酿制，但浸皮期较短。葡萄酒服务如表2-4-4所示。

表2-4-4　葡萄酒服务

服务程序	标准与要求
准备	1. 宾客点了葡萄酒后，立即去酒吧取酒，不得超过5分钟 2. 红葡萄酒备酒篮和醒酒器 3. 白葡萄酒备冰桶及冰块
示酒	1. 站在主人右侧，左手托瓶底，右手扶瓶颈示酒：商标牌子及年份 2. 得到客人的确认后开启
开瓶	1. 当着客人的面开瓶 2. 将酒放好位置，用左手扶好，右手取出酒刀，切开离瓶颈1/4寸封皮，用餐巾将瓶口擦干净，不留任何灰尘 3. 打开酒刀的螺丝钻，从瓶塞的中心轻轻旋转而入，用力要均匀，不可过大，一直转至螺丝钻的最后一格，按杠杆原理取出木塞 4. 请客人查看酒塞
服务	1. 开瓶后的葡萄酒要先为主人斟1/5杯，请其品尝 2. 红葡萄酒斟1/2杯，白葡萄酒斟2/3杯 3. 根据客人的意愿斟酒，按照主宾、主人，顺时针依次斟倒，如图2-4-5所示 4. 等客人杯中的酒喝完再添斟

图2-4-4　红葡萄酒

图2-4-5　斟倒葡萄酒

任务单一　葡萄酒服务

一、填写葡萄酒服务程序。

葡萄酒服务程序

- □□□□□□□□□□
- □□□□□□□□□□
- □□□□□□□□□□
- □□□□□□□□□□

二、讨论：斟倒葡萄酒服务要领有哪些？

三、模拟葡萄酒服务。

评价标准：

1. 葡萄酒服务程序完整；

2. 葡萄酒服务标准规范；

3. 葡萄酒服务不滴不洒；

4. 葡萄酒服务语言恰当。

信息页二 葡萄酒常识

一、葡萄酒的分类

1. 按颜色分类

按颜色可将葡萄酒分为白葡萄酒、红葡萄酒、粉红葡萄酒。

2. 按含糖量分类

(1) 干葡萄酒：含糖量低于4g/L，品尝不出甜味，具有洁净、幽雅、香气和谐的果香和酒香。

(2) 半干葡萄酒：含糖量在4～12g/L，微具甜感，口味洁净、幽雅、圆润，具有和谐愉悦的果香和酒香。

(3) 半甜葡萄酒：含糖量在12～45g/L，具有甘甜、爽顺、舒愉的果香和酒香。

(4) 甜葡萄酒：含糖量高于45g/L，具有甘甜、醇厚、舒适、爽顺的口味，以及和谐的果香和酒香。

另外，还可以按照是否含有二氧化碳，分成静态葡萄酒和起泡葡萄酒等。

二、葡萄酒的保管与储藏

(1) 用软木塞封瓶的酒品，要求横置，可使酒液浸润瓶塞，起到隔绝空气的作用。横置是葡萄酒的主要堆放方式。

(2) 入库的酒类要进行登记，分类设卡，将该酒的酒龄、产地、标价等登记在案。储存的酒品不要经常挪动，分类摆放好。

(3) 要控制好温度，各类葡萄酒应根据其特性进行储藏，如白葡萄酒、香槟酒、汽酒存放于冷库，红葡萄酒存放于专用酒库中，一般储藏温度在10～14℃为宜。

任务单二　葡萄酒常识

一、上网查找3～5种著名葡萄酒。

酒名	产地	原料	特点	酒度

二、调查：葡萄酒品饮的礼仪有哪些？

活动四　饮料服务

饮料是中餐厅的客人就餐时会经常点到的饮品之一。服务人员要懂得饮料的常识，掌握饮料服务的技巧，以便提供优质服务。

信息页　饮料服务

饮料包括咖啡、茶、可可、果蔬汁、汽水等，是客人喜爱的饮品，尤其受儿童、老年人和女士的青睐。饮料服务要注意规范、标准，具体如表2-4-5所示。

表2-4-5　饮料服务

服务程序	标准与要求
准备	1. 宾客点了饮料后，立即去酒吧取回，不得超过5分钟 2. 将罐装饮料或杯装饮料放在托盘上
确认	1. 整罐饮料，要站在主人右侧询问客人是否开启 2. 得到客人的确认后开启 3. 罐装饮料开启时将易拉罐开口朝外，不能对着人，开启前禁止摇晃
服务	1. 斟倒饮料前应先示意客人 2. 右手从盘中取出饮料，倒至杯中3/4处，放在客人的右侧 3. 斟倒饮料时，速度不宜过快，商标朝向客人 4. 杯装饮料，左手托盘，右手取出饮料，放于客人右前方
添加	1. 及时为客人撤掉空杯子 2. 斟倒饮料时，不允许一瓶饮料同时服务两位客人

知识链接　　　　　　　　　　**常见饮料**

饮料的种类有很多，主要介绍以下几种。

(1) 碳酸饮料，是含有二氧化碳的饮料，饮用后，碳酸受热分解，发生吸热反应，可大量吸收人体的热量，在二氧化碳经口腔排出体外时，一部分热量也随之排出，因此给人以清爽的感觉，如可乐、雪碧、芬达、苏打水等。

（2）果蔬汁饮料，是以果蔬为主要原料制成的饮料，色泽鲜艳、果香宜人、营养丰富，如西瓜汁、菠萝汁、杏仁露、酸枣汁等，如图2-4-6所示。

图2-4-6 果蔬汁饮料

（3）乳品饮料，是以牛奶或其他乳制品为原料，经加工处理制成液状或糊状饮料，如酸奶等，这类饮料深受中外宾客喜爱。

?2 任务单 饮料服务

一、填写饮料服务程序。

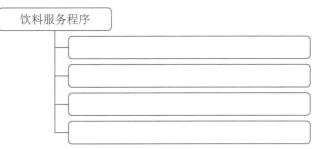

二、讨论：斟倒饮料服务要领有哪些？

三、模拟饮料服务。

评价标准：

1. 饮料服务程序完整；

2. 饮料服务标准规范；

3. 饮料服务不滴不洒；

4. 饮料服务语言恰当。

任务评价

任务四　酒水服务

评价项目	具体要求	评价			
		😊	😐	😞	建议
酒水服务	1. 了解白酒常识，掌握白酒服务				
	2. 了解啤酒常识，掌握啤酒服务				
	3. 了解葡萄酒常识，掌握葡萄酒服务				
	4. 了解饮料常识，掌握饮料服务				
学生自我评价	1. 准时并有所准备地参加团队工作				
	2. 乐于助人并主动帮助其他成员				
	3. 遵守团队协议				
	4. 全力以赴参与工作并发挥了积极作用				
小组活动评价	1. 团队合作良好，都能礼貌待人				
	2. 工作中彼此信任，互相帮助				
	3. 对团队工作都有所贡献				
	4. 对团队的工作成果满意				
总计		个	个	个	总评

在酒水服务工作中，我的收获是：

在酒水服务工作中，我的不足是：

改进方法和措施有：

任务五　菜肴服务

工作情境

　　菜肴服务是餐厅服务的重要工作，作为餐厅服务员，应及时传菜、规范上菜，为宾客提供各种美味佳肴和优雅服务。

具体工作任务

- 掌握上菜、摆菜服务；
- 掌握特殊菜肴服务。

活动一 ▶ 上菜服务

餐厅上菜服务遵循一定的服务规范和标准，摆菜也讲究实用、方便，尊重主宾、富有艺术性。

信息页 上菜服务

规范、安全地为宾客提供菜肴服务是餐厅服务员的职责，传菜、上菜、摆菜等环节要相互配合，并及时与厨房沟通，保证为宾客提供高标准的菜肴服务，如表2-5-1所示。

表2-5-1 上菜服务

服务项目	标准和要求
传菜	1. 传菜员将菜肴传送到桌边 2. 值台服务员核对菜单，确认无误后上菜
上菜位置	1. 一般选在次要客人之间上菜，或者最少打扰客人的地方 2. 始终保持在一个位置上菜，如图2-5-1所示
姿势	1. 右腿在前，左腿在后，插站在两位客人的座椅间，如图2-5-2所示 2. 侧身用右手或双手将菜肴送至转台上 3. 上下一道菜肴时，需将前一道菜移到其他位置，新菜要放到主宾面前
展示菜肴	1. 顺时针转动转台，将新菜转至主宾面前，以示尊重 2. 每上一道菜要后退一步站好，然后向客人介绍菜名，表情要自然，吐字要清晰
菜上齐	1. 核对菜单 2. 客人如有特殊要求应灵活掌握

图2-5-1 上菜位置

图2-5-2 上菜姿势

服务员应根据宾客所点菜肴备好相应的佐料与服务用具。掌握上菜节奏，第一道冷菜应在客人点餐后5分钟之内送至餐桌，冷菜吃到1/2时上热菜。大桌菜肴道数较多，要求热菜在30分钟左右上完，小桌20分钟左右上完，烹制时间较长的菜肴应事先告知宾客。另外，如果宾客有特殊要求，应尽量给予满足。

摆菜的基本要求是：讲究造型，注意礼貌，尊重主宾，方便食用。菜肴的观赏面要朝向宾客。以菜肴的颜色、形状、口味、荤素、盛具、造型等为依据对称摆放，保持距离均等。热菜使用长盘，且横向朝向宾客并随时撤去空盘，保持台面美观，若盘内菜肴较少，应征求客人意见，以大换小。摆菜效果如图2-5-3所示。

图2-5-3　摆菜效果

服务提示　　　　　　　上菜服务注意事项

（1）上各种菜肴时应端平走稳，轻拿轻放；

（2）上菜忌讳推和蹭；

（3）注意盘底、盘边干净；

（4）上带汤汁的菜肴应双手送至餐桌上，以免洒到客人身上。

任务单　上菜服务

一、填写上菜服务项目。

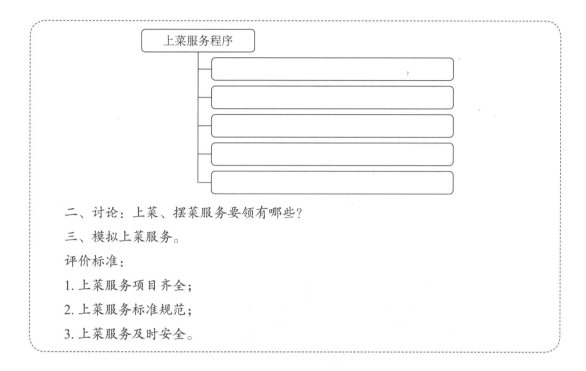

二、讨论：上菜、摆菜服务要领有哪些？

三、模拟上菜服务。

评价标准：

1.上菜服务项目齐全；

2.上菜服务标准规范；

3.上菜服务及时安全。

活动二 ▶ 特殊菜肴服务

在零点餐厅的菜肴服务过程中，有一些特殊菜肴需要格外重视，以体现餐厅服务的高水平。

信息页　特殊菜肴服务

菜品服务过程中，餐厅服务员针对一些特殊菜品的吃法应进行专门介绍，从而引导客人顺利进餐。特殊菜肴服务如下。

一、整形菜肴

整形菜肴上到餐桌时，要保持菜肴原形，客人观赏后，方可为客人拆分。比如服务烤鸭(如图2-5-4所示)时，应首先将烤鸭所跟用的鸭饼、葱、酱、白糖等与烤鸭同时送至客人面前(或先将配餐佐料上桌，但要告知客人其用途)，然后将吃烤鸭的方法与程序示范给客人。

具体操作是：将鸭饼平放于吃碟内，取鸭肉2～3片均匀地放于饼上，取葱、蘸酱均放于饼上，然后将饼从一端卷起直至饼上的菜品全部卷入并包严，送予客人品尝。

二、典故菜肴

典故菜肴在上至餐桌时，服务员需将典故简单讲给客人听，还应将食用方法演示给客人。比如肉末烧饼，具体操作是：服务员左手拿烧饼，将烧饼的开口处朝右手一侧，右手持餐勺取肉末送至烧饼内，然后将开口处合拢送予客人食用。

三、汤包

汤包类食品因温度较高，汤汁在内，为避免客人食用时操作不当造成烫伤事故，服务员一定要示范食用方法。以淮扬汤包(如图2-5-5所示)为例，其具体操作是：先将汤包与笼屉分离取出放到餐碟内，这一过程不可将包子外皮弄破；接着，在外皮上打开一个缺口，将包子内的热气放出；然后，先喝汤后吃包子，以使客人对此食品的食用达到佳境。

图2-5-4　烤鸭

图2-5-5　淮扬汤包

四、拔丝菜肴

拔丝类菜肴品种繁多，如拔丝苹果、拔丝香蕉、拔丝红薯、拔丝土豆、拔丝冰激凌等。在服务此类菜肴时，餐厅服务员的示范操作是：左手拿餐碟，右手持筷子，取拔丝菜品做拔丝动作，不宜拉取过长，然后将菜品迅速放入凉水中，冷却后迅速取出放入餐碟内，分别送予客人食用。

任务单　特殊菜肴服务

一、阅读信息页，归纳总结特殊菜肴服务方法。

特殊菜肴	服务方法
整形菜肴	
典故菜肴	
汤包	
拔丝菜肴	

二、调查酒店中餐厅：餐厅中有哪些特殊菜肴？如何服务？

酒店	菜肴名称	服务方法

服务提示

上菜程序

先凉后热，先菜后点，先咸后甜，先炒后烧，先清淡后肥厚，先优质后一般。特色菜和名贵菜肴要先上。

任务评价

任务五 菜肴服务

评价项目	具体要求	评价			建议
		☺	😐	☹	
菜肴服务	1. 掌握上菜、摆菜服务				
	2. 掌握特殊菜肴服务				
学生自我评价	1. 准时并有所准备地参加团队工作				
	2. 乐于助人并主动帮助其他成员				
	3. 遵守团队的协议				
	4. 全力以赴参与工作并发挥了积极作用				
小组活动评价	1. 团队合作良好，都能礼貌待人				
	2. 工作中彼此信任，互相帮助				
	3. 对团队工作都有所贡献				
	4. 对团队的工作成果满意				
总计		个	个	个	总评

在菜肴服务工作中，我的收获是：

在菜肴服务工作中，我的不足是：

改进方法和措施有：

任务六 餐间服务

为宾客提供标准的餐间服务，不仅提高了就餐接待的档次，还保持了菜肴的特点和餐桌的整洁，以使餐台更加实用美观。餐间服务几乎贯穿餐厅服务的全过程，请你细致、周到地做好餐间服务的各项工作。

具体工作任务

* 熟练撤换餐酒具；
* 熟练撤换用具；
* 熟练处理餐间特殊问题。

活动一 撤换餐酒具服务

宾客就餐期间的各种服务会交叉进行，服务员要能够有条不紊地安排妥当，撤换餐酒具就是其中一项。

信息页 撤换餐酒具

撤换餐酒具是席间服务的基本工作之一，服务员要多巡视、多观察，发现客人的餐酒具需要撤换时要及时进行服务。

一、撤换骨碟

撤换骨碟是餐厅服务员在餐间服务的基本内容，服务时要注意撤换骨碟的方法、时机等，如表2-6-1所示。另外，在做准备工作时要将骨碟多备一些，一般为就餐客人的3倍。

表2-6-1 撤换骨碟

服务项目	标准与要求
撤换方法	1. 撤换骨碟时要用左手托托盘，右手撤换，从主要宾客开始，沿顺时针方向进行，如图2-6-1所示 2. 从客人的右侧摆放干净的骨碟，然后从客人的左侧将用过的骨碟撤下 3. 撤换骨碟时要注意，用过的骨碟和干净的骨碟要严格分开，防止污染

撤换骨碟过程中如遇宾客第一道菜还没有用完，而新菜又上来了，这时可以在客人面

前先放干净骨碟，等宾客食用完后再撤下前一道骨碟。更换骨碟应根据菜肴的品种而定，如果是高规格就餐应是一菜一碟。撤换骨碟的时机有：

(1) 吃过冷菜换吃热菜时；

(2) 吃过鱼腥食品的骨碟；

(3) 上风味特色、汁芡各异、调味特别的菜肴时；

(4) 吃过甜菜、甜汤的盘和碗，须一同更换骨碟；

(5) 洒落酒水、饮料或异物的骨碟；

(6) 碟内骨刺残渣较多，影响雅观时应及时更换。

其他餐具的撤换方法与撤换骨碟的方法相同，包括撤汤碗、菜盘等，一般只撤不换。

二、撤换酒具

撤换酒具也是餐厅服务员在餐间服务的基本内容，具体如表2-6-2所示。

表2-6-2 撤换酒具

服务项目	标准与要求
撤换方法	1. 撤换酒具时要用左手托托盘，右手撤换，从主要宾客开始，沿顺时针方向进行，如图2-6-2所示 2. 撤换酒具时必须征得客人的同意 3. 撤换酒具时要注意端托安全，不要发出响声

图2-6-1 撤换骨碟   图2-6-2 撤换酒具

撤换酒具的时机有：

(1) 就餐过程中客人提出更换酒水、饮料时，要及时更换酒具；

(2) 酒杯中洒落汤汁、异物时，要及时更换酒具；

(3) 客人用过的空杯也应及时撤下。

 服务提示   **餐间服务**

⑴ 注意宾客进餐情况，勤巡视每桌宾客的台面，将工作做在宾客开口之前。

⑵ 随时添加酒水、推销饮料。

（3）撤去空盘、空饮料瓶，及时整理台面，保持台面清洁美观。

（4）宾客餐间离座，上前帮助拉椅、撤餐巾，回座时再帮助宾客拉椅、递餐巾。

?? 任务单　撤换餐酒具

一、填空。

1. 撤换骨碟时要用_____托托盘，_____撤换，从主要宾客开始，沿_____时针方向进行。从客人的____摆放干净的骨碟，然后从客人的_____将用过的骨碟撤下。

2. 更换骨碟应根据_____而定。

3. 撤换酒具时要注意_____，不要_____。

4. 酒杯中洒落汤汁、异物时，要及时_____。

二、讨论：撤换餐酒具的要领有哪些？

三、模拟撤换餐酒具服务。

评价标准：

1. 撤换方法正确；

2. 撤换符合标准；

3. 撤换及时到位。

活动二▶ 撤换用具服务

客人就餐过程中，要根据客人的具体情况及时更换毛巾等各种用具，让客人享受规范和高标准的服务。

信息页　撤换毛巾服务

撤换毛巾是餐厅服务员在餐间服务的基本内容，及时撤换将体现餐厅的高水平服务，但要注意撤换毛巾的方法、时机等，如表2-6-3所示。

表2-6-3　撤换毛巾

服务项目	标准与要求
撤换方法	1. 一般情况下，客人入席后上第一道毛巾；用完后更换第二道毛巾；就餐过程中遇带壳等菜肴时要及时更换；餐后上水果前上最后一道毛巾 2. 将小毛巾放在毛巾托内，装在托盘中，在客人右侧服务，摆放在客人右侧，由宾客自取，也可用毛巾夹直接递给客人 3. 服务毛巾时可根据季节调节毛巾的温度，一般夏天为凉毛巾，冬天为热毛巾

撤换毛巾的时机有：

(1) 客人入座时；

(2) 上需要用手拿的菜肴时；

(3) 上水果前；

(4) 客人提出需要时。

?₂ 任务单　撤换用具服务

一、填空。

服务小毛巾时，将小毛巾放在毛巾托内，装在托盘中，在客人_____服务，摆放在客人_____，由宾客自取，也可用毛巾夹直接递给客人。

二、模拟撤换用具服务。

评价标准：

1. 撤换方法正确；

2. 撤换符合标准；

3. 撤换及时到位。

活动三▶ 餐间其他服务

餐间服务工作很复杂，需要服务员灵活处理，才能为宾客提供满意的服务。

信息页　餐间其他服务

一、清洁桌面

清洁桌面是就餐过程中的重点工作之一，需要及时进行，以保持桌面整洁，为宾客提供一个舒适、干净、整洁的就餐环境，如表2-6-4所示。

表2-6-4　清洁桌面

服务项目	标准与要求
清洁桌面	1. 服务中要保持转台、餐台的整洁 2. 如果转盘脏了，要及时擦干净，用抹布和一只餐碟进行操作，以免脏物掉到台布上 3. 如果台布脏了，要及时清理并将溢湿的桌面垫上香巾或干净口布

二、解决客人就餐问题

服务员要按规定姿势站立于离客人桌面1.5m处，应关注全部客人的情况，出现问题及时处理。

(1) 两位服务员服务时，不应在宾客的左右同时服务，也严禁左右开弓。

(2) 要及时更换弄脏的餐具，掉落的刀、叉、筷等。

(3) 主动引领客人到卫生间前。

(4) 宾客就餐期间离座，应主动帮助拉椅、整理餐巾；待宾客回座时拉椅、铺餐巾。

(5) 宾客祝酒时，服务员应立即上前将椅子向外稍拉，待宾客坐下时向里稍推。

(6) 在服务过程中，如不小心将酒杯或茶杯打翻，应马上道歉，将杯具扶起，为客人重新换一套干净的，并斟上酒水或茶水，然后将溢湿的桌面垫上香巾或口布。

(7) 若汤汁等洒在客人身上应马上道歉，并及时用干净餐巾擦拭。

📝 任务单　餐间其他服务

一、填空。

1. 如果转盘脏了，要及时擦干净，用＿＿＿＿＿＿和＿＿＿＿＿＿进行操作，以免脏物掉到台布上。

2. 如果台布脏了，要及时清理并将溢湿的桌面垫上＿＿＿＿＿＿。

3. 宾客就餐期间离座，应主动帮助＿＿＿＿＿＿。

4. 若汤汁等洒在客人身上应马上＿＿＿＿＿＿，并及时用＿＿＿＿＿＿擦拭。

二、模拟清洁桌面服务。

评价标准：

1. 清洁方法正确；

2. 清洁符合标准；

3. 清洁及时到位。

三、讨论：就餐过程中，还会遇到哪些问题？你该如何解决？

＿＿＿＿＿＿＿＿＿＿＿＿＿＿＿＿＿＿＿＿＿＿＿＿＿＿＿＿＿＿＿＿＿＿＿＿＿＿

＿＿＿＿＿＿＿＿＿＿＿＿＿＿＿＿＿＿＿＿＿＿＿＿＿＿＿＿＿＿＿＿＿＿＿＿＿＿

＿＿＿＿＿＿＿＿＿＿＿＿＿＿＿＿＿＿＿＿＿＿＿＿＿＿＿＿＿＿＿＿＿＿＿＿＿＿

＿＿＿＿＿＿＿＿＿＿＿＿＿＿＿＿＿＿＿＿＿＿＿＿＿＿＿＿＿＿＿＿＿＿＿＿＿＿

任务评价

任务六　餐间服务

评价项目	具体要求	评价			建议
		😊	😐	😞	
餐间服务	1. 熟练撤换餐酒具				
	2. 熟练撤换用具				
	3. 熟练处理餐间特殊问题				
学生自我评价	1. 准时并有所准备地参加团队工作				
	2. 乐于助人并主动帮助其他成员				
	3. 遵守团队的协议				
	4. 全力以赴参与工作并发挥了积极作用				
小组活动评价	1. 团队合作良好，都能礼貌待人				
	2. 工作中彼此信任，互相帮助				
	3. 对团队工作都有所贡献				
	4. 对团队的工作成果满意				
总计		个	个	个	总评

在餐间服务工作中，我的收获是：

在餐间服务工作中，我的不足是：

改进方法和措施有：

任务七　结账送客服务

工作情境

　　结账送客是餐厅服务工作的重要环节，直接关系到餐厅的经济效益。请按照中餐厅结账送客的方法和标准要求，做到不跑单、不漏单，账目清晰、准确无误，为宾客提供最佳结账送客服务。

具体工作任务

- 掌握结账基本程序；
- 熟悉结账方式；
- 熟悉送客服务。

活动一 结账服务

结账服务关系到餐厅的经济效益，服务时应注意结账程序、标准、要求和方式等。

信息页 结账服务

上完所有菜肴后，服务员就可以等待客人结账了。在等待的过程中，要核对账单是否相符，避免因错账引起投诉。

一般情况下，客人没有示意结账时，不能将账单递给客人。有些餐厅早餐时会将账单放到客人餐桌上，这是为了节省客人的时间。

一、结账服务(如表2-7-1所示)

表2-7-1 结账服务

服务程序	标准与要求
结账准备	1.上菜完毕后，值台服务员要到收银处核对菜单，做好结账准备 2.客人要求结账时要请客人稍候，立即去收银台取账单 3.将账单放入账单夹内，打开账单夹时账单正面朝向客人，准备结账用笔
递送账单	走到客人右侧，打开账单夹，右手持账单夹上端，左手轻托账单夹下端，递至客人面前，请客人看账单，低声对客人说："这是您的账单，请过目。"
收银结账	按照不同结账方式结账
送交账单	结账返回后，将账单上联及零钱(或卡、发票等)放到账单夹内，站在客人右侧，打开账单夹，递给客人说："这是找您的零钱和单据，请收好。"并礼貌致谢

二、结账方式

基本结账方式有现金结账、信用卡结账、支票结账和签单结账等，如表2-7-2所示。

表2-7-2　结账方式

结账方式	标准与要求
现金结账	1. 客人现金结账，服务员应礼貌地在餐桌旁当面清点钱款，核对无误后请客人稍候离开 2. 将账单和现金交收银员结账时要专注，核对收银员找回的零钱及账单上联是否正确 3. 将账单上联及零钱放到结账夹内，返回站在客人右侧，打开账单夹，递给客人并说："这是找您的零钱，请收好。"然后礼貌致谢
信用卡结账	1. 确认是否是酒店接纳的信用卡，请结账客人至收银台结账(也可将刷卡机送至餐桌边结账) 2. 将账单和信用卡递送给收银员 3. 请客人在刷卡机上输入密码，此时服务人员应回避 4. 请客人在账单和卡单上签字，再次确认金额，并检查签字是否与信用卡上一致 5. 将账单第一联和信用卡单中的客人存根页及信用卡还给客人，并礼貌致谢
支票结账	1. 使用支票结账的一般为单位客户或大额款项 2. 礼貌地请客人出示身份证及支票(背面写清姓名、电话，问清开发票的单位名称) 3. 将账单、支票和证件同时交给收银员 4. 将账单第一联和支票存根、证件、发票交还给客人
签单结账	1. 此结账方式适用于长期和固定的客户 2. 递上笔，请客人签字前先确认账单和所用酒水品种与数量，客人签字后再次确认客人的姓名、单位和联系电话等
其他结账	1. 酒店会员卡结账：是酒店销售、发行的充值卡，每次结账后需向客人报出消费金额与卡内余额，以便客人选择继续充值和下次消费的参考 2. 微信、支付宝等手机支付结账：这是一种新型的支付方式，已经普及各个领域，支付方便快捷，一般采取扫描二维码的方式，需要确认客人支付已经到账。 3. 餐券结账：酒店发行的可以抵用的现金有价券。收取时需确认使用日期、金额、酒店专用章等，餐券不得抵用烟、酒水及酒店指定的菜肴，不找零、不兑换现金

任务单　结账服务

一、填写结账服务程序。

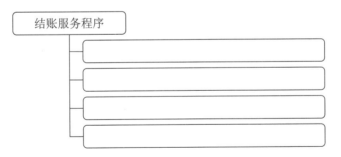

二、讨论：结账服务要领有哪些？

三、运用不同结账服务方式模拟结账。

评价标准：

1. 结账服务程序完整；

2. 结账服务标准规范；

3. 结账服务准确迅速。

活动二 送客服务

送客服务是餐厅服务工作的环节之一，应做到善始善终，为宾客提供优质的服务。

信息页　送客服务

送客服务时，服务员要为客人拉椅，提醒客人带好随身携带的物品，做好送客道别、物品检查等工作，做到微笑、礼貌、耐心、周到，使客人高兴而来、满意而归，具体如表2-7-3所示。

表2-7-3　送客服务

送客程序	服务标准及要求	注意事项
征询意见	主动征询客人用餐建议，做好记录，同时表示感谢	可在结账后进行
礼貌道别	1. 客人离开时，主动拉椅，提醒客人带好随身物品 2. 鞠躬送客，微笑目送客人离开 3. 迎宾员及经理在门口再次致谢道别	客人未离开时应静候，不能催促
物品检查	1. 再次检查服务区域是否有客人遗留的物品 2. 做好餐后清洁整理工作	仔细认真地检查，如发现客人遗留物品，应及时归还客人或上交经理

任务单　送客服务

一、填写送客服务程序。

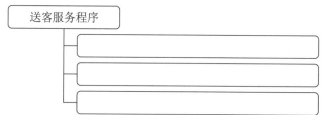

二、讨论：送客服务要领有哪些？

三、模拟送客服务。

评价标准：

1. 送客服务程序完整；

2. 送客服务标准规范；

3. 送客服务语言恰当。

任务评价

任务七　结账送客服务

评价项目	具体要求	评价			建议
		😊	😐	😞	
结账送客服务	1. 掌握结账基本程序				
	2. 熟练运用不同方式结账				
	3. 熟悉送客服务				
学生自我评价	1. 准时并有所准备地参加团队工作				
	2. 乐于助人并主动帮助其他成员				
	3. 遵守团队的协议				
	4. 全力以赴参与工作并发挥了积极作用				
小组活动评价	1. 团队合作良好，都能礼貌待人				
	2. 工作中彼此信任，互相帮助				
	3. 对团队工作都有所贡献				
	4. 对团队的工作成果满意				
总计		个	个	个	总评

在结账送客服务工作中，我的收获是：	
在结账送客服务工作中，我的不足是：	
改进方法和措施有：	

任务八　餐后结束工作

工作情境

　　送走了就餐客人，紧张繁忙的餐厅对客服务工作结束了，但服务人员的工作还没有结束，需要继续做好最后的餐厅整理工作。请按照餐厅餐后整理的规范和要求，收好餐用具，摆好台面，为下一餐的顺利进行做好铺垫。

具体工作任务

- 熟练做好餐后整理的各项工作；
- 熟练做好工作小结。

活动一 ▶ 餐后整理

客人陆续离开餐厅，一天的营业工作结束了，服务人员应做哪些餐后整理工作呢？

信息页 餐后整理

客人离开餐厅后，服务人员还要做好餐厅的整理工作，领班检查合格后，方可下班。如果到了营业结束时间，客人还没有离开，此时不能催促客人，可安排专人值台服务，其他员工先下班。

一、整理餐台(如表2-8-1所示)

表2-8-1　整理餐台

服务项目	标准与要求
整理餐台	1. 客人走后，服务人员应先查看是否有客人遗落的物品 2. 整理餐椅，用托盘收好花瓶、调味瓶、台号等，放于服务桌上 3. 清理台面时，先清点、收取餐巾和小毛巾，再收取展示盘、茶具、饮具，后收餐具等，并将餐具分类送至洗碗间 4. 撤台布或转台，换上干净的台布，重新摆台，准备迎接下一餐的客人 5. 贵重物品当面清点 6. 轻拿轻放，尽量不出响声，注意安全

整理餐台时要注意动作规范、轻拿轻放，不能影响正在就餐的客人，特别要注意及时翻台，不能留下客人用过的台面无人整理，更不能所有服务人员都去整理一个台面，无人为其他客人服务。

二、整理餐厅

一般是接近营业结束时才开始整理餐厅，服务人员整理各种物品和设施，收好各种重复使用的餐具和物件，要及时清洗消毒、擦拭干净、分类保管，以备再用，如表2-8-2所示。

表2-8-2　整理餐厅

服务项目		标准与要求
整理餐厅	整理环境	1. 营业结束，客人离开餐厅后，服务人员进行餐厅整理工作 2. 关掉空调、大部分照明灯，只留适当的灯光供整理用 3. 收拾整理各种物品，物归原处 4. 清洁四周及地面，吸地毯等
	安全检查	1. 关闭水、电等设备开关，关好门窗 2. 由值班人员做好安全检查，填写管理日志 3. 落实餐厅各项安全措施，锁好门，上交钥匙，方可离开

任务单　餐后整理

一、讨论：餐后整理有哪些工作及相应标准与要求？

二、模拟：分小组模拟餐后整理工作。

活动二　工作小结

一天的中餐厅服务工作结束了，餐厅经理开始对该天的各项工作进行检查，餐厅主管进行工作小结，你知道如何进行吗？

信息页　工作小结

餐厅服务员清理完餐台，整理好餐厅，餐厅经理需要对各项工作进行检查和安排，餐厅主管要做好餐厅管理日志的填写、上交和存档等工作。

(1) 检查：餐厅经理或主管进行餐后整理工作的检查，做好与下一班次的交接工作。

(2) 填写管理日志：主要包括餐厅经营状况、客人情况、服务人数、客人投诉等，具体如表2-8-3所示。填写管理日志要详细、准确，以利于对服务工作进行全面、客观、科学的分析和总结，使今后的工作不断加以改进和提高。

(3) 建立客史档案：根据服务情况，建立客史档案。

(4) 上交存档：将填好的日志上报餐厅经理，输入电脑，复印存档。

(5) 反馈改进：如果客人投诉，事后要写改进措施、客人反馈意见等；记录餐厅的经营改进效果。

表2-8-3 餐厅管理日志

项目	内容	早餐	午餐	晚餐	夜宵
服务人员情况	经理				
	主管				
	领班				
	服务员				
客人情况	预订客人				
	散客				
	旅游团队				
	酒店住店客人				
	酒店宴请客人				
	其他用餐客人				
营业情况	餐位使用情况				
	用餐人数				
	食品消费				
	饮品消费				
	其他消费				
	总营业额				
客人投诉情况	投诉原因				
	处理方法				
其他情况					

任务单 工作小结

一、讨论归纳：餐厅工作小结有哪些内容？

二、调查采访：中餐厅的管理日志内容有哪些？如何填写？

酒店	管理日志项目	采访心得

任务评价

任务八 餐后结束工作

评价项目	具体要求	评价			
		😊	😐	😞	建议
餐后结束工作	1. 熟练做好餐后整理的各项工作				
	2. 熟练做好工作小结				
学生自我评价	1. 准时并有所准备地参加团队工作				
	2. 乐于助人并主动帮助其他成员				
	3. 遵守团队的协议				
	4. 全力以赴参与工作并发挥了积极作用				
小组活动评价	1. 团队合作良好，都能礼貌待人				
	2. 工作中彼此信任，互相帮助				
	3. 对团队工作都有所贡献				
	4. 对团队的工作成果满意				
总计		个	个	个	总评

在餐后结束工作中，我的收获是：

在餐后结束工作中，我的不足是：

改进方法和措施有：

中餐宴会服务

中餐宴会消费标准高、菜点品种多、气氛隆重热烈、就餐时间长、接待服务讲究，典型的中餐宴会菜点饮品以中式菜品和中国酒水为主，使用中式餐具、用具，并按中式服务程序和礼仪服务。这种宴会形式富含中华民族的传统文化气息，其就餐环境与气氛也突出了浓郁的民族特色，是我国星级酒店最常见的宴会类型之一。随着社会的发展，中餐宴会与娱乐项目、主题活动有机结合，逐步走向国际化。

在中餐宴会服务单元的学习中，将通过宴会预订服务、宴会前的准备、宴会席间服务、宴会特殊情况处理、宴会结束工作5个工作任务，学习中餐宴会服务的知识、技能、规范，从而提高宴会服务能力与综合职业能力。

任务一　宴会预订服务

工作情境

酒店销售部员工正在接待当面预订的宾客。公司刘经理要预订5月1日云南厅中午就餐，12位宾客参加宴会。作为宴会厅的工作人员，请你彬彬有礼、热情礼貌地了解宾客的各种宴会需求，按照预订服务程序为宾客提供优质服务。

具体工作任务

- 了解宴会预订方式，熟练为宾客提供预订服务；
- 熟练正确地填写宴会预订的各种表单；
- 熟练落实宴会预订。

活动一　接受宴会预订

作为酒店销售部的销售员或宴会厅员工，首先要能够按照酒店的宴会预订程序、标准和要求为宾客提供基本的宴会预订服务。

信息页一　宴会预订方式及预订服务

宴会预订是指个人或公司企业提前预约餐饮活动的过程。宴会预订过程既是宴会产品的推销过程，又是宴会客源的组织过程，同时也是酒店展示企业形象的过程。

一、宴会预订方式

1. 直接预订

直接预订也称当面预订，是宴会预订经常使用的方式，较为有效。在宴会规模较大、宴会出席者的身份较高，或宴会标准较高的情况下，宴会举办单位或个人一般要求当面洽谈直接预订。酒店的宴会销售员或预订员，应根据客人要求，详细介绍宴会场地和所有细节安排，如厅堂布置、菜单设计、席位安排、服务要求等，以尽量满足客人提出的各项要求，并商洽付款方式，填写宴会预订单，记录预订者的联系地址、电话号码等，以便日后进一步与客人联络。

2.电话预订

电话预订是另一种较为有效的宴会预订方式，常用于小型宴会的预订、查询酒店宴会资料、核实宴会细节等，在酒店的常客中使用较多。此外，大型宴会面谈、宴会的落实或某些事项的更改等，通常也是通过电话来传递相关信息。与直接预订相同，预订员应在电话中向客人介绍、推销餐饮产品，落实有关细节，填写宴会的预订单等。

3.登门预订

登门预订主要是针对有业务往来的公司、企业单位和待开发的市场对象的宴会预订方式，如公司年会、庆典等宴会的预订。酒店只有主动出击才能获得宴会的举办权，登门预订可以较好地促进宴会的销售，也是方便老客户的宴会营销方式。

4.网络预订

网络预订是目前流行的一种餐饮预订方式，主要通过餐饮企业或连锁集团的官方网站预订系统及第三方预订系统进行预订。

除上述主要的宴会预订方式外，客人还可以通过信函、传真等方式进行宴会预订。酒店应想方设法与客户联络，尽力扩大宴会销售业务，努力提高宴会设施利用率，从而为酒店创造良好的社会效益和经济效益。

二、宴会预订服务

宴会预订既是客人对餐饮企业的要求，也是餐饮企业对客人的承诺，双方通过预订达成协议，形成合同，规范彼此的行为，指导宴会生产和服务，这是宴会经营活动中不可缺少的一个重要环节，具体如表3-1-1所示。

表3-1-1　宴会预订服务

预订服务程序	服务标准及要求
热情迎宾 了解需求	1. 接受客人来电或直接当面预订 2. 在电话铃响3声内接听，礼貌地向客人问好，然后通报所在部门和自己的姓名，表示愿意提供服务；客人来访，需站立相迎，礼貌地向客人问好 3. 主动询问客人的要求，包括日期、时间、参加人数、活动性质、客人姓名、单位名称、联系电话及服务要求等 4. 客人电话预订，可建议客人预约到宴会场地亲自视察 5. 客人来访预订，可在洽谈的同时为客人提供有关宣传资料，并亲自陪同客人视察宴会场地
交流信息 接受预订	1. 客人提出预订要求后，要认真查阅"宴会安排日记簿"，核实宴会时间、场地是否可以接受预订，再与客人作进一步的洽谈 2. 在和客人洽谈的过程中，要耐心听取客人的意见和要求，当客人提出问题或疑问时，要本着诚恳、耐心、细致、礼貌的态度，为客人作出解释及提出建议 3. 当宴会场地、就餐时间、位置摆设或服务项目等事项有冲突时，要积极主动地想办法与客人取得一致建议，尽量满足客人的要求，如图3-1-1所示

(续表)

预订服务程序	服务标准及要求
填写订单 确认预订	1. 洽谈双方对所举办活动的各种事项取得一致意见后，即可确认预订 2. 填写宴会预订单、客人姓名、联系电话、用餐人数、用餐时间、用餐标准、付款方式、订金、特殊要求等 3. 确认预订后要礼貌地向客人表示谢意，如图3-1-2所示 4. 必须向客人复述预订的相关信息，请客人确认正确与否
收取订金 签订合同	1. 签订宴会协议书 2. 按照书面协议，客人支付订金，一般为总费用的30%～50%

图3-1-1 交流信息

图3-1-2 确认预订，表示谢意

知识链接　　宴会预订员的专业素质要求

(1) 熟悉宴会厅的面积、布局、接待能力及各项设施设备的使用功能情况；

(2) 掌握各式宴会菜单的价格和特色，掌握各类食物、饮料的成本；

(3) 掌握餐饮部根据淡旺季、新老客户等不同条件制定的销售策略，熟悉部门销售制度；

(4) 熟悉各种不同类型的宴会、会议、展览、展销的服务标准和布置摆设要求；

(5) 准备充足的销售宣传资料；

(6) 建立详尽的客户档案，定期查阅客户有关资料，熟悉其消费时间、消费内容和服务要求等；

(7) 熟悉半年内的大型活动预订情况。

任务单一　宴会预订服务

一、阅读信息页，填写宴会预订方式和宴会预订服务程序。

```
宴会预订方式
    ┌──────────────────────┐
    ├──────────────────────┤
    ├──────────────────────┤
    ├──────────────────────┤
    └──────────────────────┘
```

```
宴会预订服务程序
    ┌──────────────────────┐
    ├──────────────────────┤
    ├──────────────────────┤
    ├──────────────────────┤
    └──────────────────────┘
```

二、选择2～3种宴会预订方式，模拟宴会预订服务。

评价标准：

1. 宴会预订服务程序完整；

2. 宴会预订服务标准规范；

3. 宴会预订服务语言恰当；

4. 宴会预订服务合作默契；

5. 宴会预订服务积极销售。

信息页二　填写宴会预订表单

一、填写宴会安排日记簿

宴会安排日记簿是酒店根据宴会活动而设计的，它的作用是记录预订情况，供预订员核查之用。每位预订员在受理预订时，从日记簿上查明各厅情况，条件允许，才能受理各种预订。宴会安排日记簿一日一页，具体项目如表3-1-2所示。

表3-1-2 宴会安排日记簿

_____年_____月_____日 星期_____

厅房	预订	确定	时间	宴会形式	人数	联系人地址、电话	特别要求
A			早				
A			中				
A			晚				
B			早				
B			中				
B			晚				
C			早				
C			中				
C			晚				
D			早				
D			中				
D			晚				

二、填写宴会预订单

接受宾客预订时，应将洽谈好的具体宴会细节填写在宴会预订单上，以备组织实施。宴会预订单是宴会信息的枢纽，一般在电脑上进行。宴会预订单的设计应根据酒店的实际情况来决定其项目。

三、签订宴会协议

宴会协议具有法律效力，是酒店和客人签订的合约文书，双方应按预订协议履行各项条款，如表3-1-3所示。如果是时间比较长的宴会预订，酒店还应主动与客户保持联系，以进一步确认宴会举办的日期及相关细节。

表3-1-3 宴会协议

本合同是由 _____ 酒店(地址) _____
与 _____ 公司(地址) _____
为举办宴会活动而达成的具体条款：
活动日期 _____ 星期 _____ 时间 _____
活动地点 _____ 菜单计划 _____
酒水饮料 _____ 娱乐设施 _____
其　　他 _____ 结账事项 _____
订　　金 _____
宾客签名 _____ 酒店经手人签名 _____
　　　　　　　　　　　　　　　日期 _____

注意事项：
1. 宴会活动所有酒水应在酒店购买；
2. 大型宴会预收30%～50%的订金；
3. 所有费用在宴会结束时一次付清。

任务单二 　填写宴会预订表单

公司刘经理要预订5月1日云南厅中午就餐，12位宾客参加宴会。请你接待刘经理，并为刘经理做好预订。

评价标准：

1. 与客人礼貌沟通信息；

2. 表单填写项目齐全；

3. 表单使用规范正确。

一、填写宴会活动日记簿。

宴会安排日记簿

_____年_____月_____日　星期_____

厅房	预订	确定	时间	宴会形式	人数	联系人地址、电话	特别要求
A			早				
			中				
			晚				
B			早				
			中				
			晚				

二、填写宴会预订单。

宴会预订单

宴会名称：_____　预订编号：_____

联络人姓名_____电话号码_____　地址_____

公司名称_____

举办日期_____　星期_____　时间_____时 至_____时

宴会形式_____　收费标准_____元/桌 或_____元/人

付款方式_____　其他费用_____

预订人数_____　保证人数_____

餐台数_____

酒水要求_____

菜单	台形设计图

一般要求

菜　单_____　名　卡_____　席位卡_____

投影仪_____　幻灯片_____　放映机_____

银　幕_____　翻图板_____　白板_____

讲　台_____　铅笔/钢笔/记事本_____

横　幅_____　录像设备_____　扩音器_____　接待台_____

(续表)

娱乐设施

舞　板_____　　鲜　花_____　　　聚光灯_____

照相机_____　　麻将桌_____张　　卡拉OK机_____

备注:

_____

预订设施需付预订保证金: _____元,客人若取消宴会请提前_____天通知酒店,否则概不退款。

　　　　　　请您核准后签名: _____

三、签订宴会协议。

宴会协议

本合同是由 _____　酒店(地址) _____

与 _____　公司(地址) _____

为举办宴会活动而达成的具体条款:

活动日期 _____　　星期 _____　时间 _____

活动地点 _____　　菜单计划 _____

酒水饮料 _____　　娱乐设施 _____

其　　他 _____　　结账事项 _____

订　　金 _____

宾客签名 _____　　酒店经手人签名 _____

　　　　　　　　　　　　　　　日期 _____

注意事项:

1. 宴会活动所有酒水应在酒店购买;

2. 大型宴会预收30%~50%的订金;

3. 所有费用在宴会结束时一次付清。

活动二▶ 落实宴会预订

宴会预订工作结束了,后期的工作如何开展呢?在下面的信息中寻找答案吧!

信息页 落实宴会预订

一、建立宴会预订档案

建立宴会预订档案,既有利于培养对酒店忠诚的客户消费群体,又有利于酒店在标准化服务的基础上全面提升服务质量,面向不同客户提供个性化服务。

1. 建立档案卡

预订员应将宴会预订单分成"待确认"和"已确认"两类存入档案，一般按时间顺序排列，也可以按公司、个人或特殊情况进行分类，用色彩来区分，根据不同颜色的卡片类别来判断选择，以帮助查找相关信息，如图3-1-3所示。

2. 输入电脑存档

将采集到的客户信息资料输入电脑中进行分类储存。采用适当的方法或程序，建立客户档案系统，以便酒店使用和保存，如图3-1-4所示。

对于已确认的宴会预订，应填写宴会通知单，交送宴会有关部门，并由部门签收确认。对于没有确认的宴会预订，预订员应随时与客户联系，争取早日确认预订。

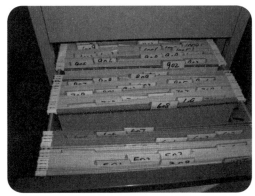 

图3-1-3　建立档案卡　　　　　　　图3-1-4　建立客户档案系统

二、宴会预订变更

1. 宴会预订更改

如果客人在宴会前临时提出变动，预订员应迅速填写"宴会更改通知单"，发送相关部门，并注明原宴会通知单编号等信息，送达部门需要签收，如表3-1-4所示。

表3-1-4　宴会更改通知单

宴会预订编号 _____

发送日期 _____　时　　间_____

宴会名称 _____　日　　期_____

部　　门 _____

更改内容 _____

　　　　 _____

　　　　 _____

由 _____发送

宴会经理签名 _____

日期 _____时间 _____

2. 宴会预订取消

如果客人取消宴会预订，预订员应及时填写"预订取消报告"，同时向客人表示不能为其提供服务的遗憾，希望下次有机会合作。"预订取消报告"应及时递交相关部门，报告上需注明原通知单编号，送达部门需要签收。

?? 任务单　落实宴会预订

一、小组合作，建立宴会预订档案。

要求：

1. 正确采集客户信息；

2. 按标准分类存放。

二、小组合作，填写宴会更改通知单。

要求：

1. 表单填写项目齐全；

2. 表单使用规范正确。

宴会更改通知单

宴会预订编号＿＿＿＿＿＿＿＿＿＿＿＿＿＿＿＿＿＿

发送日期＿＿＿＿＿＿＿　　时　　间＿＿＿＿＿＿＿

宴会名称＿＿＿＿＿＿　　日　　期＿＿＿＿＿＿＿＿

部　　门＿＿＿＿＿＿＿＿＿＿＿＿＿＿＿＿＿＿＿＿＿

更改内容＿＿＿＿＿＿＿＿＿＿＿＿＿＿＿＿＿＿＿＿＿

＿＿＿＿＿＿＿＿＿＿＿＿＿＿＿＿＿＿＿＿＿＿＿＿＿

＿＿＿＿＿＿＿＿＿＿＿＿＿＿＿＿＿＿＿＿＿＿＿＿＿

由＿＿＿＿＿＿＿＿＿＿＿＿＿＿＿＿＿＿发送

宴会经理签名＿＿＿＿＿＿＿＿＿＿＿＿＿＿

日期＿＿＿＿＿＿＿＿＿＿时间＿＿＿＿＿＿

任务评价

任务一　宴会预订服务

评价项目	具体要求	评价			
		☺	😐	☹	建议
宴会预订服务	1. 熟练为宾客提供宴会预订服务				
	2. 熟练正确地填写宴会预订的各种表单				
	3. 熟练落实宴会预订				

（续表）

评价项目	具体要求	评价			
		😊	😐	😞	建议
学生自我评价	1. 准时并有所准备地参加团队工作				
	2. 乐于助人并主动帮助其他成员				
	3. 遵守团队的协议				
	4. 全力以赴参与工作并发挥了积极作用				
小组活动评价	1. 团队合作良好，都能礼貌待人				
	2. 工作中彼此信任，互相帮助				
	3. 对团队工作都有所贡献				
	4. 对团队的工作成果满意				
总计		个	个	个	总评

在宴会预订服务工作中，我的收获是：

在宴会预订服务工作中，我的不足是：

改进方法和措施有：

宴会前的准备

任务二

工作情境

　　五星级酒店的大宴会厅，开阔宽大，格调高雅，富丽堂皇。在这样的宴会厅举办各种形式的宴会活动，不仅宾主气氛和谐，而且在品尝美食的同时也能得到身心的愉悦，令人流连忘返。请根据宴会通知单的要求，做好公司宴会的各项准备工作。

具体工作任务

- 了解宴会种类，明确宴会特征；
- 领会中餐宴会服务通知单；
- 熟练布置宴会厅与准备宴会物品；
- 熟练布置宴会餐台；
- 熟悉宴会前的检查工作。

活动一 ▶ 领会宴会通知单

你一定参加过宴会吧！感受过宴会的和谐氛围，品尝了宴会的美味佳肴，体验了酒店的高品质服务，在享受宴会的同时，你了解宴会服务员的工作吗？作为宴会厅的服务员，你知道宴会工作从哪儿开始吗？在下面的活动中寻找答案吧！

信息页一 领会宴会通知单

宴会的准备工作是宴会顺利实施的基础，作为宴会厅的工作人员，要根据宴会通知单的要求做好布置宴会厅、准备物品、布置餐台等工作，做到宴前准备完善、充足。宴会预订单是宴会信息的枢纽，宴会通知单(Banquet Event Order)是宴会厅按照宾客要求完成宴会接待工作的依据，如表3-2-1所示。

表3-2-1 宴会通知单

客户职务：公司经理 客户姓名：××× 地址：×××	日期：2019年×月×日 星期日 预订人：××× 电话：××× 传真：××× 地址：
预订受理人：×××	宴会受理人：×××

日期	时间	房间	功能	布置	人数
2019年×月×日	11:30AM—2:30PM	云南厅	中餐用餐	圆桌	12人

菜单 精美冷菜6款 热菜： 大展宏图(乳猪烧味拼) 海纳百川(鲍参烩翅肚) 掌上明珠(蒜茸蒸扇贝) 飞黄腾达(金玉凤尾虾) 金牛生财(黑椒牛柳粒) 金鸡报喜(蒜香风沙鸡) 连年有余(清蒸大石斑) 锦绣前程(白灼翠芥蓝) 点心：(芥蓝辣味炒饭) 　　　(红豆沙汤圆) 水果：时令佳果 **饮品要求** 五粮液低度 龙徽红白葡萄酒 青岛啤酒 可乐、果茶、酸枣汁、露露、矿泉水 **花卉要求** 餐台鲜花，突出友谊的主题 **提示** 1. 宴会分餐服务 2. 注意主宾需求	**收费细目** 1. 每人标准RMB668元 2. 饮品 3. 支票结账 **布置说明** 云南厅：中餐 1. 12人圆桌1张 2. 高档桌布 3. 宴会椅上用椅套和金色裙带 4. 将菜单卡和装饰摆放在餐桌上 **音视频要求** 1. 电视播放公司专题片 2. 背景音乐 **其他/停车/安全** 时间：11:00AM—2:30PM 房间：云南厅 注意：请在酒店大堂门前预留至少3个停车位 安全：注意安全 **特殊要求**

任务单一 领会宴会通知单

阅读宴会通知单，你了解了客人的哪些信息？请试着完成下面的内容。

序号	项目	内容与要求
1	宴会时间	
2	宴会地点	
3	主办单位	
4	宴会标准	
5	宴会人数	
6	主人或主宾身份	
7	菜式品种	
8	酒水准备	
9	布置要求	
10	收费要求	
11	特殊要求	
12	花卉要求	
13	提示	

信息页二 认识中餐宴会

宴会是人们在饮食生活中常见的社会活动形式，其以饮食方式进行人际间的情感交流，从而促成各种不同目的的人际交往。宴会是随着人类社会的产生而产生，并随着人类物质和精神文明的发展而不断丰富自身的内涵。人们通过组织和参加宴会活动，不仅能够繁荣地区经济、促进社会交流，还能够弘扬饮食文化，塑造酒店形象。

一、宴会的特征

现代宴会是一种正式的聚餐宴饮形式，是人们为了一定的社交目的而采取的一种正式的、隆重的、讲究礼仪形式的餐饮活动，具有聚餐性、社交化、规格化和礼仪性等特征。

1. 聚餐性

宴会在形式上，是众人围桌而食，多席同室而设，每桌有主宾、主人、陪同和翻译之分。主人以丰盛的菜点、热情的接待、浓郁的气氛来烘托宴会的热烈气氛，从而达到聚餐的目的。

2. 社交化

在政府、社团、单位、公司和个人之间的交往中，常运用这种交际方式来表示欢迎、答谢、庆祝等。人们也经常在宴会中融洽关系、增进了解，从而达到社交目的。

3. 规格化

宴会讲究规格和气氛，有别于一般的日常便饭、大众便餐、零餐点菜。要求格调高，讲气氛，讲排场，服务工作周到细致。在菜肴组成上有着严格的要求，冷菜、热菜、大菜、汤羹、甜品、主食、水果、酒水等，均须按一定的比例和质量要求，合理搭配、分类配合，如图3-2-1所示。

4. 礼仪性

宴会在接待上有注重礼仪的特征。我国宴会注重礼仪由来已久，世代传承。"夫礼之初，始诸饮食"，宴会礼仪是赴宴者之间相互尊重的一种礼节仪式，也是大家共同遵守的习俗，内容广泛。遵循宴会的各种礼仪规范，力求达到宴会的整体和谐统一，如图3-2-2所示。

图3-2-1　宴会规格化　　　　　　　　　图3-2-2　宴会礼仪性

二、宴会的分类

（一）按宴会菜式划分

1. 中式宴会

中式宴会是指菜点饮品以中式菜品和中国酒水为主，使用中式餐具，并按中式服务程序和礼仪服务的宴会。这种宴会富含中华民族的传统文化气息，其就餐环境与气氛也突出浓郁的民族特色，是我国目前最常见的宴会类型，如图3-2-3所示，具有以下基本特点。

（1）宴会菜点以传统菜系菜肴为主。

（2）餐具、用具、就餐环境、台面设计、就餐气氛等反映中华民族饮食文化。

（3）服务程序和服务礼仪符合我国宴会习俗和规范要求。

（4）宴会适应面广泛。

2. 西式宴会

西式宴会是指菜点饮品以西餐菜品和外国酒水为主，使用西式餐具，并按西式服务程序和礼仪服务的宴会。目前，西式宴会在我国的涉外酒店和餐厅中较为流行，如图3-2-4

所示，具有以下基本特征。

(1) 宴会菜式以欧美菜式为主，饮品以洋酒为主。

(2) 宴会的餐具、用具、就餐环境、台面设计、就餐气氛等突出西洋风格。

(3) 服务程序和服务礼仪严格遵循西餐服务规范要求。

(4) 宴会形式多样。

图3-2-3　中式宴会

图3-2-4　西式宴会

(二) 按宴会规格划分

1. 国宴

国宴是国家庆典或为接待外国元首、政府首脑而举行的宴会形式，是接待规格最高的、礼仪最隆重的一种宴会。这种宴会政治性强，礼仪礼节特殊而隆重，宾主均按身份排位就座，礼仪严格，要体现主办国自尊、自信、自强和热情好客的风尚。国宴的环境高贵典雅，气氛热烈庄重。席间有致辞、祝酒和乐队伴宴。宴会菜品和台面既要体现本国特色，又要考虑宾客的宗教信仰和风俗习惯。

2. 正式宴会

正式宴会一般指在正式场合举行的礼仪程序讲究、气氛热烈而隆重的宴会，在着装及座次席位的安排上也有讲究，席间可致祝酒词，或安排乐队演奏席间乐曲，如图3-2-5所示。

3. 便宴

便宴也称非正式宴会，这种宴会形式简便，可以不排座位，不作正式讲话，菜肴道数也可酌减，席间气氛热烈亲切、随意，标准可高可低，适用于日常友好交往、婚礼、祝寿、践行、团聚等。

4. 家宴

家宴通常指在家中设宴招待客人，一般由主妇亲自下厨烹制菜肴，家人共同招待，也有的请名厨到家里制作家常菜肴或从酒店叫菜上门。大多数家宴主要为亲情性质，有时也带有交际性质。

(三) 按宴会主题与目的划分

1. 商务宴

商务宴主要是指各类企业和营利性机构或组织为了一定的商务目的而举行的宴会。商务宴请的目的十分广泛，与一般宴会程序和服务有所不同，已经成为现代商务活动的一个重要组成部分。

2. 寿宴

寿宴也称生日宴，是人们为了纪念生日和祝愿健康长寿而举行的宴会。而在小孩出生一个月时，宴请亲朋好友以示庆祝的习惯，俗称满月酒，也属于生日宴范畴。在菜品的选择上应突出健康长寿的寓意。

3. 纪念宴

纪念宴是指人们为了纪念与自己有密切关系的某人、某事、某物而举办的宴会，如图3-2-6所示。

图3-2-5　正式宴会　　　　　　　　　图3-2-6　纪念宴

4. 迎送宴

迎送宴主要是指为了给亲朋好友接风洗尘或话别欢送而举办的宴会。接风洗尘要突出热烈喜庆的气氛，体现主人的热情好客；话别欢送要围绕友谊、祝愿和思念来设计。

5. 节日宴

节日宴是指人们为了欢庆法定或民间节日、沟通感情而举行的宴请活动。在进行宴会设计时要围绕节日特征，延续传统习俗，兼具独特而新颖。这种宴会已经成为酒店常见的宴会形式之一。

6. 婚宴

婚宴是婚礼的重要组成部分，是人们在举行婚礼时为宴请前来祝贺的亲朋好友和祝愿婚礼美满幸福而举行的宴会。设计婚宴时应突出喜庆吉祥的气氛，考虑地区和民族的风俗习惯。婚宴已成为宴会的主要形式之一。

(四) 按宴会消费标准划分

1. 豪华宴会

以山珍海味为菜肴的主原料，每道菜都注重色、香、味俱全，菜肴配有围边和艺术造型，选用银餐具等质地考究的餐具。服务要有详细的计划，餐厅布置高雅华贵，服务规格高，相应的消费水准也很高。

2. 中档宴会

选用海参、鲍鱼及一些土特产为主原料，菜肴烹调讲究技术，餐厅需做简单的布置，以标准化的程序为宾客服务，消费在中等水准。

3. 普通宴会

选用鸡、鸭、鱼、肉等一般原料所制作的菜肴，以套餐为主，使用一般的餐具，餐厅也无须做特殊的布置和高规格的服务。普通宴会是一种非常适合大众的宴请形式，既经济实惠，又能达成主办人的愿望。

(五) 按宴会举行时间划分

1. 午宴

在中午(11:30—12:30)举行的各种宴会，称为午宴。一般用于工作宴会。受就餐时间限制，一般是利用进餐时间边吃边谈，事务性重于礼节性，注重实际而不讲排场。

2. 晚宴

在晚上(6:30—7:30)举行的各种宴会，称为晚宴，食品、饮料根据需要而定。一般用于正式宴会。就餐时间较长，要求服务周到，注重就餐礼仪。

?? 任务单二　认识中餐宴会

一、回忆你所参加过的宴会情形。

你所参加宴会的基本情况 (时间、地点、主题及其他)	你对宴会服务的印象如何?

二、请你在了解宴会的特征、含义和分类后，完成下面的任务。

1. 宴会的定义：＿＿＿＿＿＿＿＿＿＿＿＿＿＿＿＿＿＿＿＿＿＿＿＿＿＿＿＿＿

＿＿＿＿＿＿＿＿＿＿＿＿＿＿＿＿＿＿＿＿＿＿＿＿＿＿＿＿＿＿＿＿＿＿＿＿。

2. 宴会的基本特征＿＿＿＿＿＿＿、＿＿＿＿＿＿＿、＿＿＿＿＿＿＿、＿＿＿＿＿＿。

3. 按宴会菜式划分为＿＿＿＿＿＿＿＿＿和＿＿＿＿＿＿＿＿。

4. 按宴会主题与目的划分为＿＿＿＿＿＿＿＿＿＿＿＿＿＿＿＿＿＿＿＿。

5. 按宴会规格划分为＿＿＿＿＿＿＿＿＿＿＿＿＿＿＿＿＿＿＿＿＿＿＿。

6. 按宴会消费标准划分为＿＿＿＿＿＿＿＿＿、＿＿＿＿＿＿＿＿＿、＿＿＿＿＿＿＿。

活动二 宴会厅布置与摆台

认识了宴会，领会了宴会通知单的要求，接下来请开始布置宴会厅、准备宴会所用的物品吧。要完成这些工作需要按照宴会通知单的要求进行。

信息页一 宴会厅布置

一、宴会厅的布置

宴会厅的布置是指酒店根据宴会主题、参加人数、接待规格、习惯、禁忌、特殊要求，对宴会厅的结构、形状、面积、光线和设备等方面进行的布局。其目的是合理利用宴会厅，突出宴会主题，体现宴会的规格标准，烘托宴会的气氛，方便客人就餐及席间服务员的服务。宴会厅场地的布置要根据宴请活动的性质和形式、主办单位的具体要求以及参加活动的人数、宴会厅的形状和面积等因素，设计出布置方案，其基本要求如下。

(1) 布置要庄重、美观、大方，桌椅家具摆放对称、整齐，并且安放平稳。

(2) 桌子之间的距离要适当，大宴会厅的桌距可稍大，小宴会厅的桌距以方便客人入座、离席，便于服务员操作为限。

(3) 如果是举行国宴活动，还要在宴会厅的正面并列悬挂相应国旗。悬挂前要对旗子的图案标记作鉴别校对，防止挂倒和挂错，旗子要挂正，高度一致。非国宴不挂国旗，但有时也需要挂会标、会徽等，应按主办单位的要求布置。

(4) 如果席间要安排乐队演奏，乐队不要离宾客席位过近，应该设在距离宾客席位三四米处或侧后处。

二、台形的布置

台形的布置主要由宴会厅的大小、形状和参加人数等因素来决定。中西餐的台形布置有一定的差异,中餐宴会的台面一般使用圆桌,其台形布置要求如下。

(1) 主桌明显突出,一般桌面要大于其他餐台;如果主桌的人数较多,宴会厅的面积和形状也适宜,也可用长条桌布置成一字形或马蹄形。

(2) 客人进出的通道要畅顺、宽敞。

(3) 宴会桌次的排列要整齐、有序,以使宴会厅布局匀称。

(4) 主桌的位置要设在与正门相对的宴会厅里侧,能够纵观整个场面的地方,通常主桌的背后用花台、屏风、壁画等装饰衬托,使主桌的位置更加突出。

中餐宴会根据桌数和宴会厅的形状来布置台形,其排列桌次的方法也有一定规律,一般靠近主桌右手边的餐台客人身份仅次于主桌,然后依次由右向左、由近到远排列。

西餐宴会常用长台,且西餐台是可以拼接的,可根据宴会厅的形状和出席人数摆设成一字形、T形、马蹄形、山字形和中空形等。

主桌或主宾区位于宴会厅的上手中心,根据主桌的人数其台面直径可以大于一般席区的餐桌,也可以与其他餐桌台面一致,较大的台面可由直径180cm的标准台面和1/4弧形台面组合而成。主桌通常使用考究的台布、桌裙、椅套和高档餐具,增加台面的感染力。

根据宴会主办单位的要求宴会的性质规格等设置主宾席区,讲台和表演台如在主桌后面,可用花坛、屏风、大型盆景、绿色植物等装饰,突出宴会的主题。致辞用的讲台通常放在主桌的左侧及主人餐位右后侧,方便主人或主宾致辞祝酒。

主桌或主宾区设有专用的工作台;其余各桌依照服务区域的划分,可酌情设立工作台;宴会厅的工作台一般采用临时搭设的方法,摆放在餐厅的四周,既方便操作,又不影响整体效果。

任务单一 宴会厅布置

一、请在下列选项中选出布置宴会厅场地时所要考虑的因素。

考虑因素

1. 宴请活动的性质

2. 宴请活动的形式

3. 主办单位的具体要求

4. 参加活动的人数

5. 宴会厅的形状

6. 宴会厅的面积

7. 宴请的季节

二、小组合作，设计一个宴会厅的布置方案。

————————宴会厅布置方案

信息页二　宴会摆台

宴会摆台就是在餐台上摆放各种餐具的过程。中餐摆台通常摆放的餐具、用具有骨碟、勺垫、瓷勺、筷子架、筷子、各种中式酒杯、牙签筒等。宴会摆台各项基本技能如下。

一、宴会餐巾折花

宴会餐巾折花是宴会服务的一项基本技能，对服务人员的要求较高。大型宴会要折叠简单统一的花型，小型宴会则要折叠造型各异的杯花，如图3-2-7所示。

宴会餐巾折花依摆放餐具不同，分盘花与杯花两种，盘花放置在餐盘上，杯花则放置在水杯或酒杯中。

按餐巾折花的形状，可将宴会餐巾折花分为植物花、动物花、实物造型花等。在餐饮服务技能竞赛上，餐巾折花又可分为客人用餐巾、服务用餐巾及观赏用餐巾等。宴会餐巾折花成型标准，如表3-2-2所示。

图3-2-7 宴会餐巾折花

表3-2-2 餐巾花成型标准

序号	花型名称	成型标准
1	大鹏展翅	双翅挺立，鸟头3～5cm，直立，夹层不出杯口
2	双尾鸟	双尾挺立向斜后方长约15cm，鸟头3～5cm，直立，夹层不出杯口
3	花背鸟	背部层次分明，造型美观，鸟头3～5cm，直立，夹层不出杯口
4	雪地松鸡	背部、尾部褶裥均匀，鸟头3～5cm，直立，夹层不出杯口
5	喜鹊	尾部卷紧实，褶裥层次分明、均匀，鸟头3～5cm，直立，夹层不出杯口
6	四瓣花香	花瓣饱满，叶片线条流畅
7	双叶花	花茎挺立，花叶饱满
8	迎宾花篮	褶裥均匀，左右对称，协调美观
9	风吹麦浪	褶裥均匀，线条流畅
10	幸运四叶草	四角分开均等，造型美观，夹层不出杯口

餐巾折花实例，如图3-2-8～图3-2-17所示。

1. 大鹏展翅

(1) 正面向上，长方折叠，左角下翻　　　　(2) 翻面，左角下翻呈三角形

(3) 由中间向一侧翻折

(4) 上下翻折两巾角

(5) 中间捏起1折，推折5～7折

(6) 握于左手中

(7) 提起一巾角做鸟头

(8) 包底，整理成型

图3-2-8 大鹏展翅

2. 双尾鸟

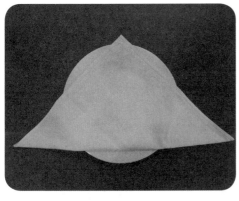

(1) 三角折叠

(2) 对折，两角相距3cm

(3) 均匀推折

(4) 做鸟头

(5) 包底，整理成型

(5) 插入杯中

图3-2-9 双尾鸟

3. 花背鸟

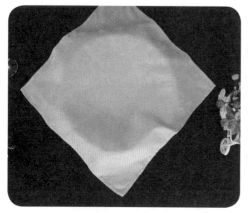

(1) 将餐巾正面朝上，菱形放置

(2) 提起1/5向上做叠层，依次做出三个叠层做鸟头

(3) 在中线处折起一个褶裥，共形成3个褶裥

(4) 双手配合将餐巾上部整理成为花背形

(5) 拉出餐巾一角捏出鸟头

(6) 将多余部分包底

(7) 整理成型，入杯

图3-2-10　花背鸟

4. 雪地松鸡

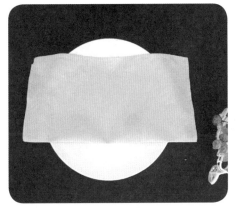
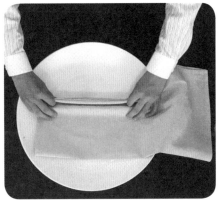

(1) 将餐巾反面朝上，向上折成长方形　(2) 以底边为起点向上推折长方形的右半部分

(3) 右半部成褶后进行S形折叠，形成鸟的尾部和背部

(4) 拉起餐巾一角捏出鸟头

(5) 整理多余部分包住底部　　　　(6) 插入杯中

图3-2-11　雪地松鸡

5. 喜鹊

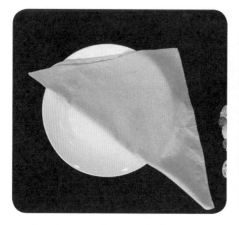 

(1) 将餐巾反面朝上，沿对角线折成三角形　　(2) 沿底边进行螺旋卷，至底边中点

(3) 斜线推折，留出15cm　　(4) 捏出鸟头

(5) 整理多余部分包住底部　　(6) 整理成型，入杯

图3-2-12　喜鹊

6. 四瓣花香

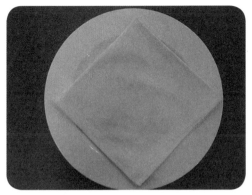

(1) 正方折叠

(2) 斜推7～8折

(3) 握于左手中

(4) 三巾角折成花瓣，一巾角包底

(5) 插入杯中

(6) 整理成型

图3-2-13 四瓣花香

7. 双叶花

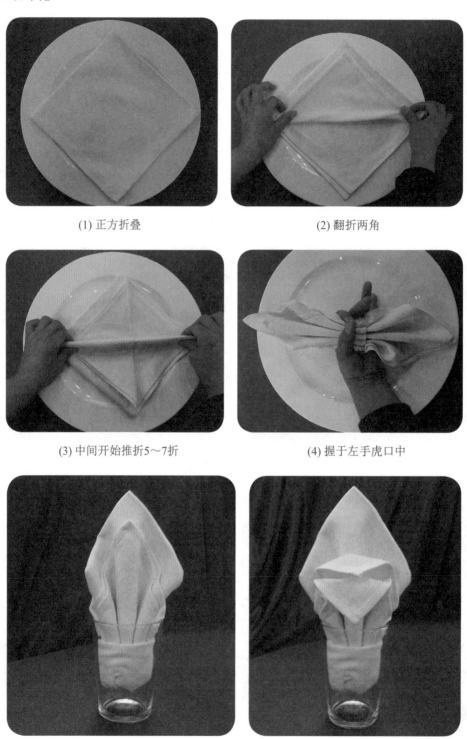

(1) 正方折叠　　　　　　　　　　　　(2) 翻折两角

(3) 中间开始推折5～7折　　　　　　　(4) 握于左手虎口中

(5) 插入杯中　　　　　　　　　　　　(6) 翻折两巾角，整理成型

图3-2-14　双叶花

8. 迎宾花篮

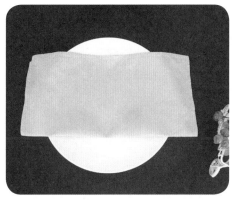

(1) 将餐巾反面朝上，一折为二呈长方形

(2) 开口朝向自己进行推折

(3) 沿餐巾开口方向向中间对折

(4) 整理两边褶裥，分别向外翻折

(5) 插入杯中

(6) 整理成型

图3-2-15 迎宾花篮

9. 风吹麦浪

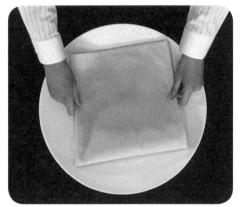

(1) 将餐巾反面朝上，折成正方形

(2) 开口朝向自己

(3) 沿餐巾开口方向向中间推折

(4) 全部成褶后两端对折，右端高于左端约1cm

(5) 插入杯中

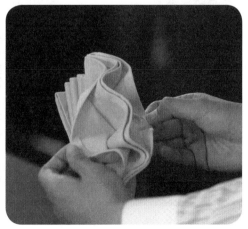

(6) 将四层餐巾掰开，完成

图3-2-16　风吹麦浪

10. 幸运四叶草

(1) 将餐巾反面朝上，折成正方形

(2) 沿中线向内对折，四角错开

(3) 沿中线进行推折

(4) 用餐巾多余部分包底

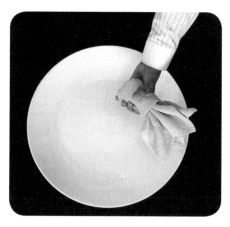

(5) 整理成型

(6) 插入杯中

图3-2-17　幸运四叶草

如何选择餐巾花

餐巾折花要根据宴会的性质、规格，宾主的身份、爱好、宗教信仰、风俗习惯，冷盘的花色造型，季节及工作时间是否充裕等因素来确定所叠花型。

一般大型宴会可选用简单、挺括、美观的花型，但主桌花型与其他桌花型要区分开，如主桌折花可用10种不同的花型，其他桌可用统一的花型(但要突出"主花")。

小型宴会的餐巾折花(杯花)，可运用7种不同的手法，折叠出3种造型(动物类、植物类、实物造型类)、10种花；如折盘花，可选择统一的花型，但主位的花要有所区分。

宴会主人位上的主位花，要选择美观且醒目的花型，以突出主位。

二、宴会斟预备酒

宴会用酒品种较多，对斟酒的技艺要求较高，只有掌握了酒水服务知识、服务技能和服务操作规程，才能为客人提供优质的服务。宴会斟酒有两个阶段：一个是宴会前的斟酒，即斟预备酒；另一个是宴会进行中的斟酒。如果顾客点用了白酒、红葡萄酒、啤酒，应在宴会开始前10分钟之内将红葡萄酒和白酒斟入每位宾客杯中，如图3-2-18所示。斟好以上两种酒后就可请客人入座，待客人入座后，再依次斟啤酒或饮料。如用冰镇酒或加温酒，则应在宴会开始后上第一道热菜前依次为宾客斟至杯中。斟酒的方法有两种，即托盘端托斟酒(如图3-2-19所示)和徒手斟酒(如图3-2-20所示)。

图3-2-18　斟预备酒

托盘端托斟酒，即将客人选定的几种酒放于托盘内，左手端托，右手取送，根据客人的需要依次将所需酒品斟入杯中。这种斟酒方法可方便顾客选用。

徒手斟酒，即左手持餐巾，右手握酒瓶，将客人所需酒品依次斟至宾客酒杯中，具体要求如表3-2-3所示。

表3-2-3　徒手斟酒

斟酒步骤	标准要求
持瓶	右手持瓶中下部，商标朝向客人，左手持口布或托盘
站位	站在客人右后侧斟酒，右脚在前，左脚在后，使身体向右呈略斜式
斟倒	面向客人，右手持瓶，瓶口向客人杯中依次进行斟酒，瓶与杯口相距1～2cm，瓶口旋转45°，酒水不滴洒，中餐斟酒一般以8分满为宜
移位	每斟满一杯酒更换位置时，做到进退有序。退时，待左脚掌落地后，撤回右腿与左腿并齐，使身体恢复原状。再次斟酒时，右脚先向前跨一步，左脚跟上跨半步，形成规律性的进退，使斟酒服务的整体过程潇洒大方

斟酒要求

斟酒方法正确

动作规范优美

酒水不滴不洒

服务及时到位

图3-2-19　托盘端托斟酒　　　　　图3-2-20　徒手斟酒

三、宴会摆台

宴会摆台时要求各种餐具、酒具配套齐全、摆放相对集中；摆放时距离相等，图案、花纹要对正，做到整齐划一，符合规范标准；既清洁卫生，又有艺术性；既方便宾客使用，又方便服务人员服务。餐台平面图，如图3-2-21所示。

摆台前应洗手消毒，并检查桌椅是否牢固、卫生。摆餐具、酒具时应从主人位开始按顺时针方向进行。摆台的程序是：铺台布、摆转台、摆餐盘(展示盘)、摆汤碗、汤勺、红白酒杯、筷子架、筷子、公用餐具、用具，摆餐巾花，围椅。

摆台过程中应注意卫生规范，持拿餐具的底部和杯具的杯颈，不触摸杯口、餐具内部，注意口鼻卫生；操作规范，姿态优雅，托盘平稳，表情自然，不掉餐具、用具。

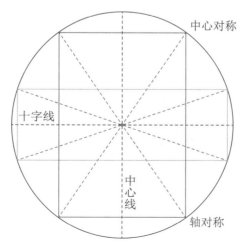

图3-2-21　餐台平面图

1. 铺台布

铺台布是摆台的第一步。铺台布前要选择好合适的台布，一般按照三三两两并列排列的方式整理餐椅后，双手进行消毒，再检查台布是否残破、有污迹、有皱褶，合格后将台布摆放在副主人处的餐台。

(1) 撒网式铺台布(如表3-2-4所示)

表3-2-4　撒网式铺台布

步骤	操作方法和标准
规范站位	1. 双手拉出餐椅 2. 操作前立正站好，距餐台40cm，操作时右脚前、左脚后，呈丁字形，重心随着操作而移动
打开台布	1. 送：把台布送到主人位的台面下 2. 展：将台布左右打开 3. 提拿：双手平行打折后将台布提拿在胸前
撒铺台布	双臂与肩平行，上身向左转体，下肢不动，在右臂与身体回转时，将台布斜着向前撒出去，当台布撒至前方时，上身转体回位并恢复至正位站立。抛撒时，动作自然潇洒，适用于宽大的技术比赛场合，如图3-2-22所示
落台整理	1. 将拉出的餐椅收回 2. 沿顺时针方向整理 3. 整理边角，姿态自然、优雅

(2) 抖铺式和推拉式铺台布

抖铺式铺台布是双手将台布打开，平行打折后将台布提拿在双手中，身体呈正位站立式，利用双腕的力量，将台布向前一次性抖开并平铺于餐台上，如图3-2-23所示。这种方法适合宽大的场地。铺完台布后将转台放好。

推拉式铺台布是用双手将台布打开后放至餐台上，将台布贴着餐台平行推出去再拉回来，如图3-2-24所示。这种方法多用于零点餐厅或窄小的地方。

图3-2-22　撒网式铺台布　　　　图3-2-23　抖铺式铺台布　　　　图3-2-24　推拉式铺台布

(3) 铺台布的评价标准与注意问题(如表3-2-5所示)

表3-2-5　铺台布的评价标准与注意问题

评价标准	注意问题
1. 正面向上	1. 铺台布的力量要适当,不能过大或过小
2. 中心重合	2. 注意双手用力均匀
3. 鼓缝(中心线)正对正副主人位	3. 台布铺出去后要迅速拉回,台布角不能着地
4. 台面平整	
5. 四角自然下垂	

2. 摆放餐具(如表3-2-6所示)

表3-2-6　摆放餐具

步骤	摆放标准要求
摆餐碟	1. 从正主人位开始顺时针方向依次摆放,餐碟距桌边1.5cm,花纹对正席位 2. 碟与碟之间距离相等 3. 相对的餐碟与餐桌中心点三点成一直线 4. 操作要轻松、规范,手法卫生
摆汤碗、汤勺、味碟	1. 汤碗摆放在餐碟左上方1cm处 2. 汤勺放置于汤碗中,勺把朝左,与餐碟平行 3. 味碟摆放在餐碟右上方 4. 汤碗与味碟之间距离的中点对准餐碟的中点,汤碗与味碟、餐碟间距1cm
摆筷子、筷子架及长柄勺、牙签	1. 筷子架摆在餐碟右边,其横中线与汤碗、味碟横中线在同一条直线上 2. 筷子架左侧纵向延长线与餐碟右侧相切 3. 长柄勺、筷子搁摆在筷子架上,筷尾的右下角距桌沿1.5cm,筷套正面朝上 4. 牙签位于长柄勺和筷子之间,牙签套正面朝上
摆红白酒杯、水杯	1. 葡萄酒杯摆放在餐碟正上方(汤碗与味碟之间距离的中点线上) 2. 白酒杯摆在葡萄酒杯的右侧 3. 水杯位于葡萄酒杯左侧,杯肚间隔1cm,三杯杯底中点连线成一直线,该直线与相对两个餐碟的中点连线垂直 4. 水杯肚距离汤碗边1cm 5. 水杯待餐巾花折好后一起摆上桌,摆杯手法正确(手拿杯柄或中下部)、卫生
餐巾折花	1. 杯花底部整齐、美观,落杯不超过2/3处 2. 折10种不同造型餐巾花,每种餐巾花3种以上技法 3. 花型突出正、副主人位 4. 有头尾的动物造型应头朝右,主人位除外 5. 餐巾花观赏面朝向客人,主人位除外 6. 餐巾花挺拔、造型美观、款式新颖 7. 操作手法卫生,不用口咬、下巴按、筷子穿;手不触及杯口及杯的上部
摆放公用餐具	1. 公用筷子架摆放在主人和副主人餐位水杯正上方,距水杯肚下沿切点3cm 2. 公勺、公筷置于公用筷子架之上,勺柄、筷子尾端朝右 3. 先摆放杯花,再摆放公用餐具
上花盆、菜单(2个)和桌号牌	1. 花盆摆在台面正中 2. 菜单摆放在正副主人的筷子架右侧,位置一致,菜单右尾端距离桌边1.5cm 3. 桌号牌摆放在花盆正前方、面对副主人位

(续表)

步骤	摆放标准要求
整体效果	1. 台面设计主题明确，布置符合主题要求 2. 餐具颜色、规格协调统一，便于使用 3. 整体美观，具有艺术美感

中餐餐用具多种多样，摆台时应根据宴会的主题、规格等进行设计和摆放，如图3-2-25所示。

图3-2-35　中餐餐用具摆台

3. 围椅

围椅时从主宾位置开始，按顺时针方向逐一定位，示意让座；让座手势正确，体现礼貌，如图3-2-26所示。座位中心与餐碟中心对齐，餐椅之间距离均等，餐椅座面边缘距台布下垂部分1cm；餐椅正对席位，距离均等，呈圆形，如图3-2-27所示。

图3-2-26　示意让座

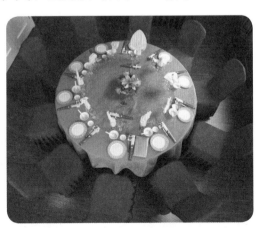

图3-2-27　围椅

任务单二　宴会摆台

一、小组合作，折叠餐巾折花。

序号	花型名称	成型标准
1	大鹏展翅	双翅挺立，鸟头3～5cm，直立，夹层不出杯口
2	双尾鸟	双尾挺立向斜后方长约15cm，鸟头3～5cm，直立，夹层不出杯口
3	花背鸟	背部层次分明，造型美观，鸟头3～5cm，直立，夹层不出杯口
4	雪地松鸡	背部、尾部褶裥均匀，鸟头3～5cm，直立，夹层不出杯口
5	喜鹊	尾部卷紧实，褶裥层次分明、均匀，鸟头3～5cm，直立，夹层不出杯口
6	四瓣花香	花瓣饱满，叶片线条流畅
7	双叶花	花茎挺立，花叶饱满
8	迎宾花篮	褶裥均匀，左右对称，协调美观
9	风吹麦浪	褶裥均匀，线条流畅
10	幸运四叶草	四角分开均等，造型美观，夹层不出杯口

二、你还能折叠哪些餐巾花型？

三、填出斟酒的操作程序。

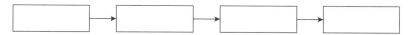

四、小组模拟徒手斟酒服务。

评价标准：

1. 方法正确；

2. 不滴不洒；

3. 姿态优美。

五、选择正确的选项填在空白处。

1. 铺台布的方法

	双手将台布打开，呈丁字形站位，平行打折后将台布提拿在胸前，双臂与肩平行，上身向左转体，下肢不动，在右臂与身体回转时，将台布斜着向前撒出去，当台布撒至前方时，上身转体回位并恢复至正位站立。抛撒时，动作自然潇洒，适用于宽大的技术比赛场合

2. 铺台布的标准

评价标准	

铺台布方法选项

A. 抖铺式

B. 推拉式

C. 撒网式

D. 直铺式

铺台布标准选项

A. 正面向上

B. 中心重合

C. 鼓缝(中心线)正
   对正副主人位

D. 台面平整

E. 四角自然下垂

六、小组合作，理解摆台标准和要求，完成一张中餐宴会台面的摆台。

摆台顺序	标准要求
摆餐碟	
摆汤碗、汤勺、味碟	
摆筷子、筷子架及长柄勺、牙签	
摆红白酒杯、水杯	
餐巾折花	
摆放公用餐具	
上花盆、菜单(2个)和桌号牌	
围椅	

活动三 **宴会物品准备**

分析了宴会通知单，大家了解到宴会前的准备工作有很多，从宴会场地布置到餐具、酒水、水果、菜肴的准备等，每一项准备工作都有具体的要求和标准，需耐心细致地完成。

信息页　宴会物品准备

准备工作是否充分周到，直接关系到宴会服务质量的高低，是服务工作能否顺利完成的关键，如表3-2-7所示。

表3-2-7　宴会物品准备

准备项目	要求
备开餐必备物品	1. 设置好服务桌 2. 准备毛巾托、托盘、服务用餐巾、分菜叉勺、冰桶、酒篮、开瓶器、餐中用餐碟等
宴会台面布置	按宴会主题、摆台规格布置好餐台
备小毛巾	1. 根据客人人数准备好毛巾 2. 将毛巾折叠好后存放在保温箱内，温度上夏天要凉、冬天要热
备茶叶、茶水	宴会前30分钟准备好茶壶、茶叶和开水
备酒水	1. 根据宴会标准、宴请对象、参加人数填写酒水领用单 2. 中餐宴会通常需备白酒、葡萄酒及软饮料 3. 领取酒水时需核对数目，查看酒水质量 4. 酒水领回后擦拭干净，整齐摆放在服务桌上，商标朝外
备宴会菜肴	1. 介绍每道菜的名称、风味特点 2. 介绍每道菜的配菜和配食作料 3. 了解每道菜肴的制作方法 4. 准确服务每道菜肴 5. 发现菜单中的菜点有误时，要及时与厨房联系解决
上冷菜	1. 宴会前15分钟上冷菜 2. 摆放冷菜时，要注意色调、口味和荤素搭配 3. 将花式拼盘的观赏面正面朝向主位，同时注意冷菜刀口的逆顺 4. 注意菜盘之间的距离
斟倒酒水	1. 宴会开始前10分钟将白酒和红葡萄酒斟好 2. 中餐斟酒量以8分满为宜 3. 在餐位右侧，右手拿酒瓶的中下部，商标朝外，斟酒适量时转动瓶口45°，左手拿餐巾擦拭瓶口，以免酒水滴洒

任务单　宴会物品准备

依据宴会物品准备的内容与要求，小组内分工合作，准备宴会的各种物品。

准备项目	分工负责	完成情况
备开餐必备物品		
宴会台面布置		
备小毛巾		
备茶叶、茶水		
备酒水		
备宴会菜肴		
上冷菜		
斟倒酒水		

活动四▶ 宴会前的检查

当宴会的各项准备工作全部就绪后，宴会管理人员与服务员要做一次全面的检查。检查的目的是防止出现工作疏忽和遗漏，提高宴会接待的服务水平。你也参与这项工作吧。

信息页 宴会前的检查

一、宴会前的检查

宴会前的检查工作非常必要，通过检查，查漏补缺，可避免宴会中出现各种问题，为宴会的顺利实施提供有利的保障。宴会前的检查工作具体如表3-2-8所示。

表3-2-8　宴会前的检查

序号	检查项目	具体要求
1	检查场地	1. 布置是否合理 2. 有无破损等
2	检查台面餐饮用具	1. 服务员摆台是否规范 2. 每桌的餐具、用具是否齐全 3. 服务桌上备用餐具数量、种类是否配好 4. 酒水饮料的摆放是否合适等
3	检查菜肴酒水	1. 菜肴酒水是否齐全、摆放到位 2. 菜肴酒水卫生是否符合标准
4	检查设备	1. 将开关全部打开检查 2. 灯具是否完好，电线有无破损，插销、电源开关处是否漏电 3. 宴会开始前半个小时，宴会厅内就应达到所需温度(夏季26℃、冬季22℃) 4. 宴会开始前要装好扩音器，并调整好音量，同时逐个试音
5	检查卫生	1. 重点检查参加宴会服务人员的个人卫生情况以及是否按规定着装、整理好仪表仪容 2. 进行餐具、用具、餐厅环境、食品菜肴的卫生检查

(续表)

序号	检查项目	具体要求
6	检查安全	1. 宴会厅的各出入口有无障碍物 2. 安全门的标志是否清晰 3. 洗手间的一切用品是否齐全 4. 灭火器材是否按规定位置摆放，周围有无障碍物 5. 宴会场地内桌、椅等家具是否牢固可靠 6. 地板有无水痕、油渍等，如新打蜡地板应立即磨光，以免客人滑倒 7. 地毯接缝处是否平展，否则要及时修整 8. 宴会需用酒精或固体燃料等易燃品，是否有专人负责，放置地点是否安全可靠
7	人员分工	1. 中档宴会一般1名服务员为10位左右客人提供就餐服务；1名传菜员为20位左右客人提供传菜服务；1名迎宾员迎接20～50位客人 2. 高档宴会则专人服务、迎送 3. 分工明确、责任到人

二、宴会前例会

宴会厅的工作通常分成3个班次，早班做好宴会的准备工作后，两头班的员工就开始上班了，不同班次的员工如何配合进行工作呢？宴会前例会将对员工的工作进行布置和分工。可以说，宴会厅的工作是从例会开始的，如表3-2-9所示。

表3-2-9　宴会前例会

序号	项目	具体要求
1	通知	开餐前1小时，所有宴会当班人员开会，如是大型宴会还应增配人员
2	检查	1. 检查服务员的服饰、仪表仪容是否符合要求 2. 检查员工出勤情况及精神状态是否饱满
3	讲解	1. 由主管或领班讲解宴会的内容和注意事项，包括宴会人数、时间、地点、宴会形式、服务方法、宴会规格、重要宾客、宴会特殊要求和禁忌等 2. 宴会主厨或经理讲解宴会菜单内容与菜肴特色。大型或高规格宴会应对服务人员进行培训和模拟服务，以确保质量和效率
4	分工	1. 由领班或主管按所需人员分配工作任务 2. 指定各工作环节的负责人
5	就位	各部门员工就位，熟悉各自的工作内容和任务要求，做好开餐前的准备

此时，宴会厅的准备工作已经就绪。

任务单　宴会前的检查

一、依据宴会前检查的项目和要求，小组内分工合作，对宴会的准备工作进行细致检查。

检查项目	分工负责	检查情况记录
检查场地		
检查台面餐饮用具		

(续表)

检查项目	分工负责	检查情况记录
检查菜肴酒水		
检查设备		
检查卫生		
检查安全		

二、小组交流：检查情况。

三、小组讨论与实施，解决检查过程中出现的问题。

四、模拟召开宴会前例会。

任务评价

任务二　宴会前的准备

评价项目	具体要求	评价			建议
		☺	😐	☹	
宴会前的准备	1. 了解宴会种类，明确宴会特征				
	2. 领会中餐宴会服务通知单				
	3. 熟练布置宴会厅与准备宴会物品				
	4. 熟练布置宴会餐台				
	5. 熟悉宴会前的检查工作				
学生自我评价	1. 准时并有所准备地参加团队工作				
	2. 乐于助人并主动帮助其他成员				
	3. 遵守团队的协议				
	4. 全力以赴参与工作并发挥了积极作用				
小组活动评价	1. 团队合作良好，都能礼貌待人				
	2. 工作中彼此信任，互相帮助				
	3. 对团队工作都有所贡献				
	4. 对团队的工作成果满意				
总计		个	个	个	总评

在宴会前的准备工作中，我的收获是：

在宴会前的准备工作中，我的不足是：

改进方法和措施有：

任务三　**宴会席间服务**

工作情境

　　客人们陆续到来，宴会厅的服务员按照各自的分工，密切配合，协调有序地为客人提供着各项服务。宴会厅里客人们正在相互交谈，服务员们各司其职，请你规范、有序、礼貌、高效地为宴会宾客提供席间服务，满足每一位宾客的要求，成为宴会厅中一道亮丽的风景。

　　具体工作任务

- 熟练引导宾客有序入席，并提供入席基本服务；
- 熟练提供宴会酒水服务；
- 熟练为宾客提供分菜服务；
- 熟练提供宴会席间撤换餐具等服务。

活动一▶　宴会入席服务

　　宴会入席服务是宴会的前奏，客人们在宴会迎宾员和服务员的引导下就座，服务员为宾客提供宴会餐前的服务工作。

信息页一　宴会迎宾服务

　　作为宴会迎宾员，要在客人未到之前，做好个人仪容仪表的准备工作，清洁迎宾区域的卫生，熟悉宴会预订情况，了解客源，为迎宾工作打好基础。迎宾员迎接宾客时要热情、主动，如图3-1-1所示，避免出现引领错位的现象。

图3-3-1　热情迎宾

宴会迎宾服务的具体要求，如表3-3-1所示。

表3-3-1 宴会迎宾服务

服务程序	服务标准和要求
规范站位	1. 准备好迎宾用品 2. 在宴会厅门口按照站姿标准站位
主动迎接	1. 当客人距宴会厅门口2m左右时，迎宾员主动上前迎接客人 2. 微笑并鞠躬行礼
礼貌询问	1. 注视客人 2. 语言礼貌地询问
引领餐位	1. 走在客人侧前方1米左右，引领客人到适当的餐位 2. 速度与客人保持一致，注意适当提醒，接挂衣帽
拉椅让座	双手轻拉椅背，右手示意客人就座，轻推餐椅
礼貌道别	值台员接待客人后，迎宾员可以轻轻道别
及时记录	回到岗位，在记录单上做好记录

服务链接

宴会衣帽服务

当天气寒冷，客人穿戴较多时，迎宾员应主动提示客人是否将外衣或帽子存放在衣帽间里。接挂衣帽时注意外衣应拿衣领，切勿倒拿以免袋内的物品掉出；提醒客人贵重物品应随身携带，并及时将存衣牌交给客人；如是贵宾，应记住客人及其衣帽的特征(一般不使用存衣牌)。衣帽存放服务在一些酒店由专设的衣帽间服务员提供，有的酒店则由迎宾员兼做此项工作。

任务单一 宴会迎宾服务

一、填写宴会迎宾服务程序。

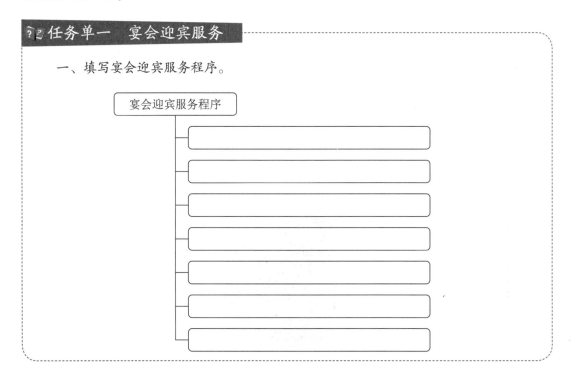

二、讨论：宴会迎宾的要领有哪些？

三、模拟宴会迎宾服务。

评价标准：

1. 宴会迎宾服务程序完整；

2. 宴会迎宾服务规范标准；

3. 宴会迎宾服务语言恰当；

4. 宴会迎宾服务态度积极；

5. 宴会迎宾服务配合默契。

信息页二　宴会入席服务

宴会入席服务要求迅速、有序，在有限时间内相互配合，完成对宾客的一系列服务工作。

一、宴会座次安排

1. 10人正式宴会座次安排

宴会座次的安排，尤其是主桌座次的安排，首先应该征求主办单位的要求和意见；国宴和正式宴会一般由礼宾部门和外事部门负责安排，座次安排如图3-3-2所示。

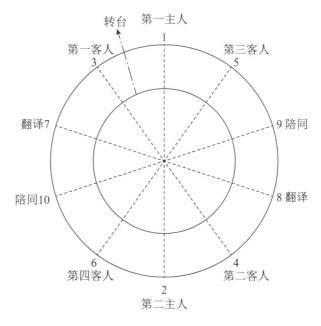

图3-3-2　10人正式宴会座次安排

餐桌上的座次通常是根据身份、地位、年龄和任职年限来确定的。在国宴和正式宴会活动中，名单次序有一套固定的排法。在家庭节庆活动中，名单次序是按年龄和血缘关系排列的。主人的座位一般坐里朝外、能够纵观整个宴会厅，背后通常是以花台、壁画、屏风等作为背景。首席女宾应坐在男主人的右侧，第二女宾坐在他的左侧。首席男宾按国际惯例应坐在女主人的右侧，而他的夫人(或女伴)则坐在首席男宾的右侧。男女座次最好一一隔开，特别要注意，只要男客人的人数足以把女客人间隔开，就不要把两位女客排在相邻的座位上，把男客排在相邻的座位上则是可以的。

中餐宴会要根据宴会的性质、桌数、人数、主办单位或主人的特殊要求，及出席宴会客人的身份，确定其相应座次。席位安排是餐厅服务员的一项重要工作，必须符合礼仪规格，尊重客人的风俗习惯，便于席间服务。

2. 婚宴和寿宴座次安排

婚宴和寿宴的座次安排，应遵循中国传统的礼仪和风俗习惯，其一般原则是高位自上而下，自右而左，男左女右，如图3-3-3所示。

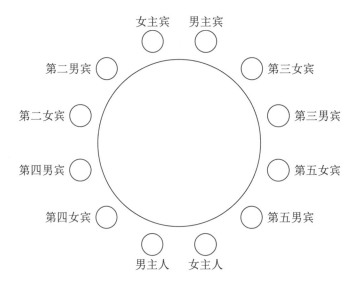

图3-3-3　婚宴、寿宴座次安排

3. 多桌宴会座次安排

多桌宴会座次安排的重点是确定各桌的主人位。以主桌主人位为基准点，各桌主人位的安排有两种方法。

(1) 各桌主人位置与主桌主人位置相同，朝向一致。如图3-3-4(a)所示。

(2) 各桌主人位置与主桌主人位置遥相呼应。具体地说，台型的左右边缘桌次主人位相对，并与主桌主人位呈90°；台型底部边缘桌子主人位与主桌主人位相对，其他桌子的主人位与主桌的主人位相对或朝向一致。如图3-3-4(b)所示。

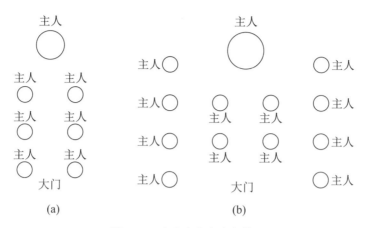

图3-3-4 多桌宴会座次安排

随着时代的变化，现在宴请活动中只有男主人没有女主人的现象屡见不鲜。由于无法把贵宾夫妇分别安排在男主人和女主人的近旁，于是有一方就安排在主人对面，有时也按主人、副主人的方式排列座次。

宴会厅还应根据主办单位和个人的要求，通常由主办单位提供主人和参加者的身份、地位、年龄等信息，由酒店负责准备席次卡。大型宴会一般预先将客人桌号打印在请柬上，同时在宴会厅入口处放置宴会桌次安排平面示意图，参加宴会的客人便可以按座次图和席次卡找到自己的座次和席位。

席次卡一般为白色，填写要求字迹清楚，可用毛笔、钢笔书写或打印，不允许涂改，上面只写出客人的职衔和姓名，通常摆放在餐盘旁或酒杯旁。席次卡还可以帮助客人暗自核对自己的谈话对象是谁，因为在作介绍的时候，很难一一记住客人的名字。场地布置和装饰准备完毕后，管理部门可通过逐项检查表的形式进行检查，表格或项目可根据本宴会厅的实际情况制定。

二、宴会入席服务

宴会入席服务是宴会开始的前奏，在宴会服务工作中同样重要。宴会入席服务包括根据客人人数加减餐位、餐具，为客人递铺餐巾，服务第一道宴会毛巾，服务茶水等工作内容，宴会入席服务要周到、细致和迅速，如表3-3-2所示。

表3-3-2 宴会入席服务

服务项目	服务标准及要求
加减餐位	1. 按用餐人数撤去多余的餐具(如有加位则补上所需餐具)，调整座椅间距 2. 如有儿童就餐，需搬来加高童椅，并协助儿童入座
递铺餐巾	1. 依据女士优先、先宾后主的原则为客人铺餐巾，如图3-3-5所示 2. 如有儿童用餐，可根据家长的要求，帮助儿童铺餐巾

(续表)

服务项目	服务标准及要求
撤去筷套	1. 在客人的右侧服务 2. 每次撤下的筷套握在左手中，最后一起撤走
服务毛巾	1. 根据客人人数从保温箱中取出小毛巾，放在毛巾篮中 2. 毛巾要干净无异味，站在客人右侧服务 3. 按女士优先、先宾后主的原则依次送上 4. 热毛巾要抖开后放在客人手上，一般保持在40℃左右 5. 冷毛巾直接放在客人右侧的毛巾盘中 6. 客人用过毛巾后，征询客人同意后可撤下
服务茶水	• 备茶 1. 按服务方案要求准备好茶叶、茶壶和开水 2. 准备好服务用餐巾、托盘等 3. 用茶匙盛茶叶，放入壶中，按每50～60ml水1g茶配比 • 斟茶 1. 在客人右侧斟倒，如图3-3-6所示 2. 茶水不宜太满，以七八分满为宜 3. 斟倒完毕把茶壶放到客人餐台上，壶嘴不能朝向客人 • 续茶 1. 杯中茶不足1/2或1/3时，及时添加 2. 席间壶盖搁起，暗示服务员茶壶要及时加水 3. 茶壶里蓄水一般8分满，不宜过满

图3-3-5　递铺毛巾　　　　　　图3-3-6　服务茶水

知识链接

茶叶的功效

(1) 兴奋作用：茶叶中的咖啡碱能兴奋中枢神经系统，帮助人们振奋精神、增进思维、消除疲劳、提高工作效率。

(2) 抑菌利尿作用：茶叶中的茶多酚和鞣酸能凝固细菌的蛋白质，将细菌杀死，有利尿作用。

(3) 强心解痉作用：咖啡碱能减轻支气管痉挛，促进血液循环；茶多酚和维生素C有活血化瘀、防止动脉硬化作用。

（4）减肥作用：茶叶中的咖啡碱、肌醇、叶酸和芳香类物质等多种化合物，能调节脂肪代谢，特别是乌龙茶对蛋白质和脂肪有很好的分解作用；其中的茶多酚和维生素C还能降低胆固醇和血脂，所以饮茶有助于减肥。

任务单二　宴会入席服务

一、安排宴会宾主席位。

1.安排正式宴请宾主席位

2.安排中式传统宴会宾主席位

门

门

二、观看宴会入席服务影像资料，体会宴会入席服务项目与服务标准。

宴会入席服务程序

三、模拟宴会入席服务。

评价标准：

1.宴会入席服务程序完整；

2.宴会入席服务规范标准；

3.宴会入席服务语言恰当；

4.宴会入席服务态度积极；

5.宴会入席服务配合默契。

活动二　酒水服务

宴会酒水服务有哪些时机呢？如何把握住这些时机，更好地为宾客服务呢？怎样为宾客提供酒水服务呢？赶快从下面的内容中寻找吧！

信息页一　宴会斟酒

宴会用酒品种较多，对斟酒的技艺要求较高，要想为客人提供优质的服务，就要在斟酒服务方法、时机等方面掌握一定的技巧，如表3-3-3所示。

表3-3-3　宴会斟酒

服务程序	服务标准和要求
备酒	1.准备相应的服务用具，如口布、酒起子 2.按宴会通知单准备酒水，放在酒水车或服务台上 3.依据酒水准备相应的酒杯 4.检查酒液、杯具和服务用具
开瓶	1.开瓶前选用正确的开瓶器 2.一般在服务台上进行，动作正确、规范、优美 3.开瓶前要征得客人同意，即示瓶
斟酒	1.询问客人需要何种酒水 2.按照先主宾后主人，顺时针方向斟倒 3.站在客人右后侧斟酒，右脚在前，左脚在后 4.右手持瓶中下部，商标朝向客人，左手持口布或托盘 5.瓶口与杯口相距1～2cm，斟至8分满，瓶口旋转45° 6.中餐斟酒一般以8分满为宜，酒水不滴酒
续酒	1.客人干杯后及时添加 2.每上一道新菜后要及时添加 3.杯中不足1/2时及时添加 4.客人敬酒后要及时添加 5.不要斟错酒水

任务单一　宴会斟酒

一、填写宴会斟酒服务程序。

宴会斟酒服务程序
- _____
- _____
- _____
- _____

二、讨论：宴会斟酒服务的要领有哪些？

三、模拟宴会斟酒服务。

评价标准：

1. 宴会斟酒服务程序完整；

2. 宴会斟酒服务规范标准；

3. 宴会斟酒服务语言恰当；

4. 宴会斟酒时机准确及时。

信息页二 葡萄酒、香槟酒服务

宴会用酒品种较多，对斟酒技艺要求较高，因此，做好酒水服务要了解有关酒水的知识，更应熟练掌握斟酒的操作技能和酒水服务的操作规程，如表3-3-4所示。

一、葡萄酒、香槟酒服务

表3-3-4 葡萄酒、香槟酒服务

服务程序	红葡萄酒	白葡萄酒	香槟酒
备酒	准备酒篮、口布，如图3-3-7所示	准备冰桶、冰桶架、口布、碎冰	准备冰桶、冰桶架、口布、碎冰
示酒	左手托酒瓶底部，右手扶酒瓶颈部，商标朝向客人，保持在客人视平线位置，请客人确认酒水	同红葡萄酒示瓶，如图3-3-8所示	同红葡萄酒示瓶
开瓶	用酒刀划开封纸，酒钻深入木塞的2/3处，拔出瓶塞，用口布擦拭瓶口	同红葡萄酒开瓶，如图3-3-9所示	将酒瓶开口方向朝向客人反方向，剥去锡纸，左手拇指压瓶塞，右手慢慢拧开保险丝，将瓶塞拔出，左手始终握住瓶塞，防止爆裂或喷出
验塞	将木塞放入小盘中，请客人检验瓶塞，如图3-3-10所示	同红葡萄酒验塞	无须验塞
品尝	为主人斟倒约1/5杯，请主人品尝确认	为主人斟倒约1/5杯，请主人品尝确认，如图3-3-11所示	同红葡萄酒品尝
斟酒	按女士优先的原则，右手握好酒瓶，将酒液缓缓倒入杯中，如图3-3-12所示；标准量是杯容量的1/2	用折叠成长条形的口布包住酒瓶身或下部，露出酒标；标准量是杯容量的2/3	用右手拇指扣捏瓶底，左手持口布轻扶瓶颈外斟酒；每杯两次斟倒，为避免泡沫溢出，斟至杯的2/3
续酒	斟完后将酒篮放到客人身后的酒水车上	斟完后，将酒瓶重新放回冰桶内，以口布覆盖，冰桶移至客人身后约30cm处	

图3-3-7　备酒

图3-3-8　示酒

图3-3-9　开瓶

图3-3-10　验塞

图3-3-11　品尝

图3-3-12　斟酒

二、葡萄酒、香槟酒饮用温度

葡萄酒、香槟酒饮用温度是酒水最佳品质的保证，如表3-3-5所示。

表3-3-5　葡萄酒、香槟酒饮用温度

酒水种类	饮用温度	服务提示
白葡萄酒	白葡萄酒应冰镇，饮前把酒瓶放在碎冰中冰镇，但不可放入冰箱内。味清淡的10℃为宜，味甜的8℃为宜	白葡萄酒的芬芳香味比红葡萄酒容易挥发，应在饮用时再开瓶
红葡萄酒	红葡萄酒的温度在18～20℃为宜。服务前先放在餐室内，使其温度与室内温度相等。但在30℃左右的暑期，要使酒降温至18℃左右为宜	不用冰镇，在室温常温下服务。服务前先开瓶，放在桌子上，使其酒香溢于室内
香槟酒	为了使香槟酒内的气泡明亮闪烁得时间久一些，要把香槟酒瓶放在碎冰内冰镇到6～8℃时再开瓶饮用	饮用时再开瓶，注意开瓶时的安全

服务提示

宴会酒水饮料服务

一般宴会酒水饮料按照宴会通知单准备，服务时放置在托盘中，逐一斟酒水饮料。

(1) 在客人身后右侧，按先宾后主的顺序依次进行。

(2) 左手托盘，右脚在前，略倾身，但身体不要紧贴宾客。

(3) 向客人展示托盘中的酒水饮料，示意客人选择。

(4) 待客人选定后，直起上身，将托盘移至客人身后。注意，托盘不可越过宾客的头顶。

(5) 用右手从托盘上取下客人所需酒水进行斟倒。

(6) 注意掌握好托盘的重心，保持平稳。

？ 任务单二　葡萄酒、香槟酒服务

一、观看葡萄酒、香槟酒服务影像资料，体会宴会酒水服务程序与服务标准。

宴会葡萄酒、香槟酒服务程序

二、填空。

1. 红葡萄酒的饮用温度是_____。

2. 白葡萄酒的饮用温度是_____。

3. 香槟酒的饮用温度是_____。

三、模拟宴会红白葡萄酒、香槟酒服务。

评价标准：

1. 宴会酒水服务程序完整；

2. 宴会酒水服务规范标准；

3. 宴会酒水服务语言恰当；

4. 宴会酒水服务态度积极；

5. 宴会酒水服务配合默契。

活动三 ▶ 菜肴服务

宴会菜肴非常丰盛，造型各异。宾客在享受美食的同时，也享受着菜肴和服务传递的饮食文化。在宴会菜肴服务中，要规范上菜、分菜，为宾客提供高标准的宴会服务。

信息页一 宴会菜肴服务

一、宴会上菜服务

宴会上菜服务是服务员将菜肴按规格和一定程序托送上桌的服务方式。应根据宴会的标准规格，按照宴会上菜的标准要求进行上菜服务。

中餐宴会上菜的原则是：先冷后热，先菜后点，先咸后甜，先炒后烧，先清淡后肥厚，先优质后一般。上菜的顺序一般为：第一道凉菜，第二道主菜(较高贵的名菜)，第三道热菜 (菜数较多)，第四道汤菜，第五道甜菜 (随上点心)，最后上水果。不过，上菜顺序有时也要根据地域和风俗习惯的不同而有差异。

1. 上菜时机

大型宴会应在宴会开始前15分钟左右先把冷盘摆好，来宾入席将冷盘吃到一半时，开始上热菜。服务员应注意观察宾客进餐情况，并控制上菜、出菜的速度和节奏。

2. 上菜位置

要选择正确的上菜位置，操作时站在翻译和陪同人员之间。用右手操作，并用"对不起，打扰一下"提醒客人注意。将菜放到转台上，并顺时针转动转台，将所上菜肴转至主宾面前。

3.上菜注意事项

(1) 凡是鸡、鸭、鱼整型菜或椭圆形菜盘应横向朝客人，注意"鸡不献头，鸭不献掌，鱼不献脊"。

(2) 每上一道菜要后退一步站好，然后向宾客介绍菜名和风味特色，表情要自然，吐字要清晰。如宾客有兴趣，则可介绍与当地名菜相关的民间故事，有些特殊的菜应介绍食用方法。

(3) 上菜要掌握好时机。当客人正在讲话或正在互相敬酒时，应稍微停一会儿，等客人讲完话后再上，不要打扰客人的进餐气氛。上、撤菜时不能越过客人头顶。

(4) 上新菜之前，应先把旧菜拿走。如盘中还有部分剩菜，应征询宾客是否需要添加，在宾客表示不再要时，方可撤走。保证台面间隙合适，如图3-3-13所示。

图3-3-13　上菜台面间隙合适

(5) 大型宴会上菜速度要以主桌为准，做到全场统一，不允许任何一桌独自提前或落后，以防错上、漏上。服务人员要根据宾客用餐情况，及时与厨师取得联系，控制出菜和上菜的速度。

二、宴会分菜服务

中餐分菜历史悠久，早在古代帝王饮宴时就已出现。分菜服务既方便客人进餐，又体现餐厅高规格的服务水平，还能展示出服务人员的服务风采。

在宴会服务中，有些菜需要分派(或整桌都要分餐服务)。分菜服务就是在客人观赏后由服务人员主动均匀地为客人分菜分汤，也叫派菜或让菜，是宴会服务中技术性很强的工作。分菜时要胆大心细，掌握好分菜量，要根据宴会需要选择分让方法，如表3-3-6所示。不论哪种分菜方式，一般都遵循准备用具、展示菜肴、分让菜肴的程序。

1. 准备用具

在客人餐桌旁放置服务桌，准备好干净的餐盘，放在服务桌一侧，备好叉、匙等分菜用具。

2. 展示菜肴

每当菜品从厨房传来后，服务员把菜品放在餐桌上向客人展示，介绍名称和特色，然后放到服务桌上分菜。

3. 分让菜肴

分菜服务员在服务桌上将菜品均匀、快速地分到每位客人的餐盘中。

表3-3-6　分菜方法

分菜方法	服务标准和要求
叉勺分菜法	**分让方法：** 1. 用叉勺分菜时，左手托菜盘(菜盘下垫口布)，右手拿分菜用的叉勺；右手握住叉的后部，勺心向上，叉的底部向勺心 2. 在夹菜肴和点心时，主要依靠手指来控制；右手食指插在叉和勺把之间与拇指酌情合捏住叉把，中指控制勺把，无名指和小指起稳定作用；分带汁菜肴时用服务勺盛汁，如图3-3-14所示 3. 左腿在前，上身微前倾；在宾客左侧服务 **注意事项：** 1. 每分派一份菜后，右手的服务叉匙要随着左手的菜盘一起退出，防止汤汁滴洒在客人的身上 2. 从主宾左侧开始，按顺时针方向绕台进行
转台分菜法	1. 提前将与宾客人数相等的餐碟摆放在转台上，并将分菜用具放在相应位置；核对菜名，双手将菜端上，示菜并报菜名 2. 站在翻译和陪同之间，手持长柄勺、筷子或叉、勺分菜；全部分完后，将分菜用具放在空菜盘里 3. 撤下前一道菜的餐碟后，将转台上分盛好的菜分端给宾客，最后将空盘和分菜用具一同撤下
分菜台分菜法	1. 在宾客餐桌旁放置一辆服务车或服务桌，准备好干净的餐盘和分菜工具 2. 向宾客展示菜肴，介绍菜点名称、特色；然后将菜取下放在服务车或服务桌上分菜 3. 将菜均匀、快速分好后，从主宾右侧开始顺时针依次将餐盘送上 4. 在旁桌分菜时，面对宾客，以便宾客观赏

图3-3-14　叉勺分菜法

服务提示　　　　　　　**分菜注意事项**

(1) 手法卫生：在分菜时戴好白手套，用具要清洁，不得将掉在桌上的菜肴分给宾客，手拿餐碟的边缘。

(2) 动作利索：在保证分菜质量的前提下，要干净、利索、快速地完成分菜。

(3) 分量均匀：要根据宾客人数均匀分菜。

(4) 跟上佐料：需要佐料的菜肴，分菜时要跟上，并向宾客说明。

任务单一　宴会菜肴服务

一、填空。

1. 宴会上菜应遵循一定的程序，总的原则是_____。

2. 大型宴会上菜速度要以_____为准，做到全场统一。服务人员要根据宾客用餐情况，及时与厨师取得联系，控制出菜和上菜的_____。

3. 中餐分菜有3种方法，即_____分菜法、_____分菜法和分菜台分菜法。

4. 分菜程序主要有_____、_____、_____。

二、填写分菜要领，模拟分菜服务。

叉勺分菜要领

转台分菜要领

分菜台分菜要领

三、模拟宴会3种分菜服务。

评价标准：

1. 宴会分菜服务程序完整；

2. 宴会分菜服务规范标准；

3. 宴会分菜服务语言恰当；

4. 宴会分菜服务配合默契。

信息页二　特殊分菜服务

一、特殊情况的分菜方法

(1) 客人只顾谈话而冷淡菜肴：遇到这种情况，服务员应抓住客人谈话时短暂停顿的间隙时机，向客人介绍菜肴并以最快的速度将菜肴分给客人。

(2) 主要客人带儿童赴宴：此时分菜应先分给儿童，然后按常规顺序分菜。

(3) 老年人多的宴会：采取快分慢撤的方法进行服务。分菜步骤可分为两步，即先少分再添分。

二、特殊菜肴的分让方法

1. 汤类菜肴的分让方法

先将盛器内的汤分进客人的碗内，然后将汤中的原料均匀地分入客人的汤碗中。

(1) 清汤燕菜。这是中餐宴席中的高档菜肴，分菜时应先将盛器内的汤分盛在汤碗中，然后将燕菜均等地分让。

(2) 鸽吞燕。这道菜是名贵的高档菜肴，具有开胃、养颜、滋补等功效。分让时应保持汤清鸽整，其方法是：先将汤分入汤碗中，再将露出的鸽子按不同的部位用刀、叉分拆，放入汤碗中，然后将盛器内的燕菜均等地分进宾客的汤碗中。

(3) 醋椒鱼。分醋椒鱼时，应先将汤及附料分出，待鱼露出，将鱼从中间划开后向两旁分开，并剔掉鱼肉，取出鱼骨，再将鱼肉分入碗中。

2. 造型菜肴的分让方法

将造型菜肴均匀地分给每位客人。如果造型较大，可先分一半，处理完上半部分造型物后再分另一半。也可将食用的造型物均匀地分给客人，不可食用的，分完菜后撤下，如图3-3-15所示。

图3-3-15　造型菜肴的分让

(1) 冬瓜盅。冬瓜盅类菜肴，各菜系均有不同的做法。如果用冬瓜雕盅做菜肴的盛装器皿时，一般不食用冬瓜盅，因此在分菜时应先将盅内上半部的菜肴进行分让，然后用餐刀将已空的冬瓜盅部分切掉拿下，再继续分下半部菜肴；如果是将冬瓜盅一同入菜的菜肴，应先将冬瓜内的菜肴分完，然后按就餐人数将冬瓜盅切成块分让给宾客。

(2) 雀巢花枝片、雀巢海鲜。此类菜肴应先将雀巢内的各种菜肴均匀地分入宾客的餐碟内，然后用刀叉将雀巢也均匀地分让给宾客。

3. 鱼类菜肴的分让方法

首先要剔除鱼骨。其方法是用公勺压住鱼头，用公筷从头至尾把鱼肉拨至鱼盘一边，然后切断头尾，剔除中间鱼骨。剔骨时注意不要把鱼肉戳碎，要尽量保持鱼的原形。待鱼汁浸透鱼肉后，再用餐刀将鱼肉切成若干块，按宾主的先后次序分派。

4. 卷食菜肴的分让方法

一般是由客人自己取拿卷食，如果老人或儿童较多，则需要分菜服务，操作时应戴一次性手套。方法是：服务员将骨碟摆放于菜肴的周围；放好铺卷的外层，然后逐一将被卷物放于铺卷的外层上；最后逐一卷上送到每位客人面前。

5. 拔丝类菜肴的分让方法

由一位服务员取菜分类，另一位服务员快速递给客人，分的动作要快，即拔、即浸、即食。

任务单二　特殊分菜服务

一、讨论特殊情况分菜方法。

1. 客人只顾谈话而冷淡菜肴时怎么分？

2. 主要客人带儿童赴宴时怎么分？

3. 怎样分让汤类菜肴？

4. 怎样分让造型菜肴?

5. 怎样分让鱼类?

二、分让菜肴服务: 选择2～3种特殊菜肴, 进行分菜服务。

评价标准:

1. 分菜方法正确;

2. 分菜动作利落;

3. 分菜数量均匀;

4. 分菜语言恰当。

活动四 ▶ 席间其他服务

宴会宾客品尝着美味佳肴, 同时享受着宴会值台员及时的斟酒和饮料服务、规范的菜肴服务、优雅的席间服务。各种服务项目应有条不紊、忙而不乱, 做到服务主动、动作规范、语言悦耳、恰到好处。

信息页 席间其他服务

宴会席间服务是就餐过程中为客人提供的各项服务和要求。提供标准的席间服务, 目的是为了丰盛宴会, 提高宴会的档次, 保持菜肴特点和餐桌整洁, 增加餐台的实用美观, 具体服务项目如表3-3-7所示。

表3-3-7　席间其他服务

服务项目	服务标准及要求
撤换餐具	1. 撤换餐具的时机是待客人将食物用完后, 若未用完则需征求客人意见 2. 撤换餐具时从客人的右侧撤下用过的骨碟, 换上干净的骨碟。用过的汤碗要及时撤下 3. 按先宾后主的顺序依次撤换 4. 及时撤换
更换毛巾	1. 一般情况是客人入席后上第一道毛巾; 用完后更换第二道毛巾; 就餐过程中, 用完带壳等菜肴时要及时更换; 上水果前上最后一道毛巾 2. 将小毛巾放在毛巾托内, 装在托盘中, 在客人右侧服务, 摆放在客人右侧, 由宾客自取 3. 宴会服务毛巾应不少于3次
清洁桌面	1. 服务中要保持转台、餐台的整洁 2. 如转盘脏了, 要及时擦干净, 用抹布和一只餐碟进行操作, 以免菜汤等掉到台布上 3. 如台布脏了, 要及时清理并将湿的桌面垫上香巾或干净口布

（续表）

服务项目	服务标准及要求
其他服务	1. 宾客祝酒时，服务员应立即上前将椅子向外稍拉，待宾客坐下时向里稍推，以方便宾客站立和入座 2. 要及时更换碰脏的餐具，失落的刀、叉、筷等 3. 主动指领客人到卫生间前 4. 宾客席间离座，应主动帮助拉椅、整理餐巾；待宾客回座时应重新拉椅、落餐巾 5. 在服务过程中，如不小心将酒杯或茶杯打翻，应马上道歉，将杯具扶起，为客人重新换一套干净的，并斟上酒水或茶水，然后将溢湿的桌面垫上香巾或口布 6. 及时妥帖地回答客人各种问题
菜肴服务	同前上菜服务
酒水服务	同前酒水服务，如图3-3-16所示

图3-3-16　酒水服务

宴会进行中，要勤巡视、勤斟酒，并细心观察宾客的表情和需求，主动提供服务。

(1) 席间服务要做到：一快，服务快；三轻，走路轻、说话轻、操作轻；三勤，勤巡视、勤问斟、勤换餐碟。

(2) 宴会服务中，服务员要按规定姿势站立于离客人桌面1.5m处，应注意全部客人的情况，出现问题及时处理。

(3) 有两位服务员服务时，不应在宾客的左右同时服务，也严禁左右开弓。

(4) 要保持桌面的丰盛。

(5) 上甜品和水果前，送上热茶和小毛巾；撤去除酒杯、茶杯和牙签以外的全部餐具，擦净转盘，换上点心盘、水果刀叉，按分菜顺序服务甜点和水果。

(6) 撤走果盘，摆上鲜花，以示宴会结束。

(7) 通知收银员理清宴会账单。

(8) 整个宴会服务过程，值台员要微笑服务，坚守岗位，使客人满意。

❓ 任务单　席间其他服务

一、填写宴会席间其他服务项目。

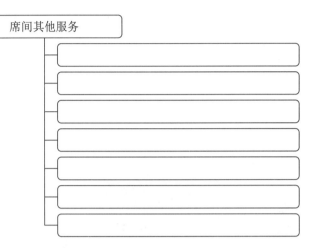

二、讨论：如何有条不紊地进行宴会席间服务？

三、模拟宴会席间其他服务。

评价标准：

1. 宴会席间服务规范标准；

2. 宴会席间服务灵活有序；

3. 宴会席间服务积极主动；

4. 宴会席间服务配合默契。

任务评价

任务三　宴会席间服务

评价项目	具体要求	评价			
		😊	😐	😞	建议
宴会席间服务	1. 熟练引导宾客有序入席，并提供入席基本服务				
	2. 熟练提供宴会酒水服务				
	3. 熟练为宾客提供分菜服务				
	4. 熟练提供宴会席间撤换餐具等服务				

(续表)

评价项目	具体要求	评价			
		😊	😐	😞	建议
学生自我评价	1. 准时并有所准备地参加团队工作				
	2. 乐于助人并主动帮助其他成员				
	3. 遵守团队的协议				
	4. 全力以赴参与工作并发挥了积极作用				
小组活动评价	1. 团队合作良好，都能礼貌待人				
	2. 工作中彼此信任，互相帮助				
	3. 对团队工作都有所贡献				
	4. 对团队的工作成果满意				
总计		个	个	个	总评

在宴会席间服务工作中，我的收获是：

在宴会席间服务工作中，我的不足是：

改进方法和措施有：

任务四　宴会特殊情况处理

工作情境

　　在宴会席间服务过程中，常会遇到一些特殊情况。这些特殊情况如果得不到及时处理，就会引起宾客的不悦，甚至会影响宴会服务的质量。因此，请妥善接待特殊宴会客人，正确处理一些宴会问题，降低特殊问题带来的负面影响，提高酒店的声誉。

具体工作任务

- 熟练为特殊宴会客人服务；
- 熟练处理宴会席间常见问题；
- 熟练处理宴会席间突发事件。

活动一▶ 特殊宴会客人服务

由于宴会的规格、主题、性质等不同，参加宴会的客人也非常广泛。作为宴会服务员，要能够为参加宴会的所有宾客提供满意的服务，这就需要服务员掌握一些为不同客人服务的方法。

信息页 特殊宴会客人服务

参加宴会的客人来自五湖四海，客人的要求也各不相同。服务员要根据客人的个性化要求提供个性化的服务，满足不同客人的需求，如表3-4-1所示。

表3-4-1 特殊宴会客人服务

不同客人	特点分析	服务方法与要求
儿童宾客	儿童对事物充满好奇心，天性好动，爱喊叫，喜跑闹	1. 帮助宾客把儿童安排在远离通道和上菜口的位置 2. 提供一些适合儿童使用的餐具，通常易碎的餐具不要给儿童使用，饮料不能盛得很满 3. 准备一些小礼物，拉近与儿童的关系 4. 提醒宾客注意看护好儿童宾客 5. 没有征得儿童家长同意，不能抱逗儿童 6. 对儿童服务要面带微笑、耐心、细致
老年宾客	1. 有一定的消费能力，讲究科学、营养、健康 2. 牙齿和消化能力、听力等逐渐减退 3. 在心理上希望得到充分的重视和尊重	1. 充分重视和尊重老年宾客，态度要和蔼 2. 在饮食上要提供嫩、烂、酥、松，容易消化，多汁松软的菜肴 3. 在服务过程中要有耐心、不急不躁
残疾宾客	1. 对自己的特殊情况非常敏感 2. 不希望成为别人的负担	1. 理解宾客，恰当、真诚、谨慎地服务 2. 不用异样的眼光看宾客，应像接待普通宾客一样 3. 腿脚不便的宾客可适度搀扶 4. 盲人宾客要注意说话的语气适度 5. 聋哑宾客可以通过手势和文字交流
商务宾客	1. 具有一定的消费能力，对菜肴的要求较高，讲究质高精细 2. 注重礼仪，讲究规格和档次	1. 注重细节服务，在宾客称呼、就餐习惯等方面进行细节服务 2. 以最高规格服务，体现对宾客的重视和尊重

知识链接　　　　　　　　　　　宴会服务理念

宴会服务理念："服务员是主人，顾客是朋友。"

个性化服务就是以顾客为本，并根据顾客需求层次上的差异，对不同的顾客采取不同的服务方式，包括就餐环境、消费档次等的需求，对菜品品种、口味的要求，饮食忌讳及对服务方式的需求等。宴会服务中，标准服务与个性化服务相结合，才能为客人提供优质、满意的接待。

任务单　特殊宴会客人服务

一、分析参加婚宴的客人有哪些？这些客人有哪些特点？如何进行宴会接待服务？

二、案例分析。

1. 婚宴上，全家老小都来赴宴。上菜时，由于客人较多，坐得很稠密，服务员小周看两个孩子之间空位较大，就选择这个位置上菜。当时女主人就有些不高兴，说了句："你不能从别的地方上菜啊？"小周忙说，对不起。过了一会儿，传菜员看小周正忙，就直接帮他上菜，无意中又选择了孩子之间。这时女主人可就生气了："不是跟你们说了吗，怎么还在孩子那上菜？烫着孩子你们负责啊？"小周知道后马上道歉，说这是自己的过失，马上改为在其他空位上菜，并送给小朋友一些小礼物。小朋友很高兴，大人们也就不计较了。

问题一：引起客人不悦的原因是什么？

问题二：服务员小周是如何弥补的？

问题三：怎样为儿童宾客提供宴会服务？

2. 一个周末的晚上，本地一位小有名气的企业家为老母亲做60大寿，特意选中大酒店，好让母亲高兴高兴。主宾一共6桌，服务员很规范地站立一旁。每道菜送上时，服务员照例旋转一次，报下菜名，让每位客人尝菜之前先饱下眼福，然后便是派菜。服务得还算正规：换餐盘、斟饮料，都按程序进行，菜烧得也不错。宴会结束后，宴会厅经理同那位企业家闲聊起来，想征求一下客人的意见。然而，客人的一句话使他大吃一惊："很不满意！"听到此话，经理的心冷了一大截。

请分析客人不满意的原因是什么？

三、解决问题。

宴会服务过程中，遇到故意刁难的客人时怎么办？

活动二 宴会席间常见问题的处理

宴会席间服务过程中经常会遇到一些问题，宴会服务员如果了解了这些常见问题，掌握了其处理方法和要求，就能在工作中及时处理，降低对宴会的影响，提高宴会的服务质量。

信息页 宴会席间常见问题的处理

正确处理宴会席间常见问题，有助于提高宴会服务的质量，具体如表3-4-2所示。

表3-4-2 宴会席间常见问题的处理

常见问题	问题分析	处理标准与要求	纠正措施
汤汁滴洒	汤汁不论滴洒在餐桌上，还是客人身上，客人都会很生气，因此，解决这类问题一定要及时，且态度要诚恳	1. 餐厅主管人员出面，诚恳地向客人表示歉意 2. 征得客人同意，及时用湿毛巾擦拭 3. 根据程度向客人提出补偿建议。程度较轻，可以免费提供一些食品饮料给客人；程度较重，可以提出免费洗涤建议	1. 宴会服务中，酒水瓶要尽量靠近墙壁或往柜子里侧放置，注意安全 2. 宴会餐台上的酒杯要放置在客人一侧，且不易碰到的位置 3. 上菜时要注意提醒客人，平稳上菜，避免客人碰到菜肴，汤汁滴洒
掉落、损坏餐具	这类问题要首先考虑客人的感受。客人非常尴尬，要及时安慰客人，拿取干净餐具，方便宾客就餐，再进一步解决	1. 掉落餐具，首先应为客人拿取干净的换上 2. 损坏餐具，首先应收拾破损的餐具，避免扎伤客人和自己 3. 对客人表示同情，不能批评和指责客人 4. 根据规定决定是否需要赔偿 5. 赔偿时机一般在适当的时候告诉客人，结账时一并赔偿	1. 准备物品和摆台时要注意餐用具不能破损和有残缺 2. 服务中及时巡视，注意观察客人的服务需求和变化，发现问题及时处理 3. 服务语言要恰当，解决问题而不是指责客人
饭菜质量	宴会进行中的菜肴问题很关键，处理不好将影响很大。既要站在客人的角度感受，又要站在酒店的立场考虑	1. 火候不足的菜肴要向厨房反映，向客人致歉，迅速重新制作 2. 对于客人误解菜肴风味特点的，要礼貌婉转地向客人介绍其特点和吃法 3. 若客人坚持己见，应无条件地满足客人的需求 4. 菜品有异物应立即撤下，不要在餐台上检查 5. 汇报上级，由主管或经理向客人致歉，征求客人意见，不要解释 6. 客人同意退菜，致歉后退掉；客人同意换菜，要最快速地满足要求；客人坚持赔偿，要给予客人适当的物质补偿	1. 对厨师和服务员加强菜肴业务培训，了解各种菜肴的特点 2. 上菜时再次检查菜肴质量 3. 客人投诉菜肴质量问题时，不能置之不理，核实后要致歉，马上上报 4. 事后对投诉进行分析，避免此类问题再次出现

(续表)

常见问题	问题分析	处理标准与要求	纠正措施
客人醉酒	这类客人在酒精的作用下，精神和行动发生变化，容易胡言乱语，失去自控能力，会给服务带来很大的困难	1. 服务中关注饮酒过多的客人，已有醉酒迹象时应婉言谢绝提供酒水要求 2. 要注意避免醉酒客人影响其他就餐客人，安排在安静位置，服务员与其同伴共同观察照顾，提供醒酒饮料、热毛巾、热茶等 3. 不要刺激醉酒客人，客人如果呕吐，要及时清理干净，不能嫌弃 4. 醉酒闹事的客人要劝解，不能平息的要上报领导及酒店保安部或公安部门，协助处理 5. 观察醉酒客人情况，出现呼吸困难的要及时拨打120求救 6. 处理醉酒客人问题，应请其同伴劝阻，及时转移贵重物品，注意服务人员的人身安全	1. 饮酒过程中及时提醒客人 2. 提供醒酒饮品 3. 移走贵重物品 4. 发挥醉酒客人同伴的作用 5. 发现醉酒客人及时上报领导

任务单 宴会席间常见问题的处理

一、解决实际问题。

1. 要求：小组合作，模拟宴会席间常见问题处理。

2. 评价标准：

(1) 处理问题准确及时；

(2) 处理问题语言礼貌、适当；

(3) 处理问题方法正确；

(4) 处理问题态度得当；

(5) 处理问题酒店与客人双赢。

二、案例分析。

一位客人身着白色西服套装，正在举行一个宴会，款待一位重要宾客。宴会进程已过半，宾主双方的交谈渐入佳境，气氛相当热烈。此时值台服务员开始上其中的一道菜，不知由于何种原因，上菜服务员手中的餐盘翻倒在侃侃而谈的客人的白西服上。顷刻间，宾主与服务员均一脸通红，十分窘迫。宴会经理与其余服务员赶紧将翻落在客人身上的菜及汤汁去掉，并马上找了件合身的西装为客人换上，宴会得以继续进行。当宴会将要结束、宾主正要握手相别时，值台服务员手捧整洗如初的白西服出现在宴会厅，客人非常感动："你们的服务，当然还包括后面的补救措施及速度，将使我终生难忘！"

问题一：案例中值得借鉴和学习的是什么？

问题二：如何避免汤汁滴洒的问题发生？

活动三 宴会席间突发事件的处理

宴会席间会突发一些棘手的事件，宴会服务员要妥善处理，以减少这些事件对宴会的影响，提高宴会的服务质量。

信息页 宴会席间突发事件的处理

对于宴会席间突发事件，服务员要保持镇静，果断采取恰当的方法，避免因此带来的负面影响，如表3-4-3所示。

表3-4-3 宴会席间突发事件的处理

突发事件	事件分析	处理标准与要求	纠正措施
客人生病	客人生病，情况危急，要及时处理	1. 打电话通知急救部门和酒店有关部门 2. 不要随意移动突然昏厥的客人，可用屏围起，观察客人情况，解开衣领，按照医生的吩咐做一些力所能及的事情 3. 不能随便判定客人病情，更不能自作主张给客人使用药物	对服务员进行基本医护常识培训，不要慌乱，保持镇静
打闹事件	客人打闹一般是由于冲动、逞能、好面子等原因，需冷静劝阻	1. 立即上前制止，并报告上级领导 2. 情况严重的拨打报警电话 3. 劝阻客人时，态度上要尊重，注意方法和语言，不要评价，不要介入纠纷 4. 如果是来闹事的，不要中了圈套，注意保护现场，避免人身伤害	注意观察客人的言行举止，判断客人类型，对故意挑剔型客人应小心谨慎，并上报上级
停电	面对停电服务员与客人都容易惊慌，但服务员首先要保持镇静	1. 安抚客人不要惊慌 2. 启动应急照明系统或点上蜡烛，对给客人带来的不便表示歉意，安抚客人在座位上等候 3. 尽快了解供电情况 4. 一时不能解决的要采取相应对策	对突发停电事件要进行预防和培训演练
失火	遇到突发事件，客人惊慌，手足无措，容易发生拥挤、踩踏事故，服务员要沉着、冷静、果断	1. 立即通知酒店保安部，并报火警，详细说明情况 2. 疏散宾客从最近的安全通道撤离火场，保证客人人身安全 3. 积极自救，尽可能地进行火灾自救，把损失减到最低	服务员要进行消防安全演习，提高对火灾自救的认识，并掌握基本方法

?2 任务单　宴会席间突发事件的处理

一、解决实际问题。

1.要求：小组合作，模拟宴会席间4种突发事件的处理。

2.评价标准：

(1) 处理问题镇静及时；

(2) 处理问题语言适当；

(3) 处理问题方法正确；

(4) 处理问题组织有效。

二、案例分析。

中餐宴会中，一位客人突然捂住胸口，昏倒在座椅上。此时，作为服务员，你该怎么办？作为宴会厅主管，你该怎么办？

任务评价

任务四　宴会特殊情况处理

评价项目	具体要求	评价			建议
		☺	😐	☹	
宴会特殊情况处理	1.熟练为特殊宴会客人服务				
	2.熟练处理宴会席间常见问题				
	3.熟练处理宴会席间突发事件				
学生自我评价	1.准时并有所准备地参加团队工作				
	2.乐于助人并主动帮助其他成员				
	3.遵守团队的协议				
	4.全力以赴参与工作并发挥了积极作用				
小组活动评价	1.团队合作良好，都能礼貌待人				
	2.工作中彼此信任，互相帮助				
	3.对团队工作都有所贡献				
	4.对团队的工作成果满意				
总计		个	个	个	总评

在宴会特殊情况处理工作中，我的收获是：

(续表)

评价项目	具体要求	评价			
		😊	😐	☹️	建议
在宴会特殊情况处理工作中，我的不足是：					
改进方法和措施有：					

任务五　**宴会结束工作**

工作情境

　　宴会结束工作是宴会服务工作的最后环节，与宴会的其他工作同等重要。作为宴会服务员，请你根据宴会服务准备工作中的分工和要求进行送客服务，有序整理，做好收尾工作，以降低宴会损耗。

具体工作任务

- 熟悉宴会送客服务；
- 了解宴会整理工作的内容与要求，做好宴会整理工作。

活动一　**宴会送客服务**

　　客人离开宴会厅时的最后印象如同走进宴会厅时的第一印象一样重要。宴会服务员送客时应热情、友好和真诚。你知道怎样为宴会客人提供送客服务吗？

信息页　**宴会送客服务**

　　当客人用餐完毕时，服务员应送上香巾，并征求客人意见，这时宴会已经接近尾声；当客人起身准备离开时，服务员应拉开座椅让路，递送衣帽，并提醒客人带齐物品；同时将客人送到宴会厅门口，礼貌道别，如图3-5-1所示。

图3-5-1　礼貌道别

大型宴会、重要宴会，服务员应列队欢送，以示隆重。宴会送客服务具体要求，如表3-5-1所示。

表3-5-1　宴会送客服务

程序	服务标准
拉椅致谢	1. 客人起身准备离开时，上前为客人拉椅，以方便客人离席行走 2. 客人起身后，向客人致谢并提醒客人检查是否有遗漏物品
取递衣帽	衣帽间服务员应根据取衣牌号码，及时、准确地将衣帽取递给客人
礼貌道别	1. 礼貌地与客人道别，向客人表示感谢，诚恳欢迎客人再次光临 2. 将客人送至宴会厅门口
送客离开	1. 当客人走出宴会厅时，迎宾员或餐厅经理再次向客人致谢、道别 2. 迎宾员应帮助客人按电梯，并在电梯来后，送客人进入电梯，目送客人离开

服务提示　　　　　　　　　　宴会结账

宴会结账一般由宴会主办单位的经办人负责。通常是在送走客人以后再结账，这是宴会的基本礼仪。结账方式按宴会通知单上注明的付款方式进行，服务方式和要求与中餐零点服务相同。注意将宴会的各种费用逐一列入账单，做到无错漏。

任务单　宴会送客服务

一、仔细阅读送客服务信息页，按顺序排列送客服务工作内容。

1. 拉椅　　　　2. 物品提醒　　　　3. 致谢　　　　4. 站立

5. 取递衣帽　　　6. 道别　　　7. 送至宴会厅门口　　　8. 按电梯

9. 结账　　　10. 斟倒茶水

二、讨论：宴会送客服务的要领有哪些？

三、模拟宴会送客服务。

活动二　**宴会整理工作**

做事情要善始善终，宴会接待工作更需要这样。宴会整理细致、全面、整齐、有序，既是此次宴会收尾工作的要求，又是下次宴会顺利进行的基础和保障。怎样才能做好宴会整理工作呢？赶紧在下面的内容中寻找答案吧！

信息页　**宴会整理工作**

宴会结束，待客人全部离开宴会厅后，服务员要迅速检查用品、收拾餐具、整理宴会厅(如图3-5-2所示)，还要填写宴会管理日志(如图3-5-3所示)、建立客史档案等，如表3-5-2所示。

图3-5-2　整理宴会厅　　　　　　　图3-5-3　填写宴会管理日志

表3-5-2　宴会整理工作

服务项目	服务标准及要求
检查餐厅	再次检查服务区域是否有客人遗留物品；如果有，应尽快交还客人；如果客人已经离开，要向宴会厅经理汇报，将物品交给大堂经理
减少灯光	客人离开后，进行清理工作时要关掉大部分的照明灯，只留适当的灯光供清场用
清理桌面	1. 先清理桌面，再撤走服务桌上所有的器皿，进行清洗 2. 把物品分类送往备餐间(分类摆放：干净的与脏的要分开) 3. 贵重物品要当场清点 4. 清桌时如发现客人遗忘的物品，应及时联系客人或上交有关部门
清洁环境	清洁周围护墙及地面，清洁地毯，这些工作一般由客房部配合完成
落实安全	1. 关闭水、电等设备开关，关闭门窗 2. 由当值负责人做完最后的安全隐患检查后，填写管理日志
结束工作	此次宴会服务工作结束

知识链接　　　　　　宴会管理日志

　　宴会管理日志的项目有：餐厅经营情况、客人情况、服务人数等；客人投诉等内容要详细记录事情的过程细节、处理意见、处理结果；报表上出现的问题要作出分析，写出解决计划、办法等。

任务单　宴会整理工作

　　一、如果你是宴会厅主管，请以小组为单位，制订一份宴会整理工作计划吧。

宴会整理工作计划

服务项目	工作内容	负责人
检查餐厅		
减少灯光		
清理桌面		
清洁环境		
落实安全		
结束工作		

　　二、按照小组制订的宴会整理工作计划进行实施吧。

任务评价

任务五　宴会结束工作

评价项目	具体要求	评价			建议
		☺	😐	☹	
宴会结束工作	1. 熟练提供送客服务				
	2. 熟练做好宴会的整理工作				
学生自我评价	1. 准时并有所准备地参加团队工作				
	2. 乐于助人并主动帮助其他成员				
	3. 遵守团队的协议				
	4. 全力以赴参与工作并发挥了积极作用				
小组活动评价	1. 团队合作良好，都能礼貌待人				
	2. 工作中彼此信任，互相帮助				
	3. 对团队工作都有所贡献				
	4. 对团队的工作成果满意				
总计		个	个	个	总评

在宴会结束工作中，我的收获是：

在宴会结束工作中，我的不足是：

改进方法和措施有：

团队用餐服务

团队用餐服务是指餐厅按固定的用餐标准为团队客人提供的餐饮服务，是中餐服务中重要的一种服务方式，主要适用于接待各种会议团队和旅游团队。作为餐饮服务的工作人员，要了解团队用餐的特点，熟悉并掌握其服务程序，以便做好服务接待工作，为宾客提供优质的服务。

在团队用餐服务单元的学习中，应掌握如何做好团队用餐的准备工作，并按照服务规范和标准为宾客提供优质的服务。

团队用餐的准备工作

工作情境

在酒店的大宴会厅内,服务人员正在忙碌着,准备着××集团200人的会议团队用餐。请你按照团队用餐预订单的要求,分工协作,做好摆餐台、准备服务用具、准备酒水和冷菜等各项工作,为会议团队用餐做好充分的准备工作。

具体工作任务

- 了解团队用餐预订单;
- 了解团队用餐的特点;
- 掌握团队用餐的餐前准备工作。

活动一 **了解团队用餐预订单**

从上面的工作情境中可以看出,这是一个会议团队用餐。你对团队用餐的认识有哪些呢?请从领会团队预订开始吧。

信息页一 **团队用餐预订单**

预订单是团队用餐接待的依据,应及时、准确地传达宾客的各种要求与信息,宴会厅或餐厅才能按照标准做好各种准备工作。宴会(团队用餐)预订单,如表4-1-1所示。

表4-1-1 宴会(团队用餐)预订单

经手人:×××

落实日期:2019年×月×日

公司名称:××× 接洽者姓名:××× 职位:经理 电话:××× 传真:×××	宴会服务要求: 会议用餐,开餐要及时 午餐不提供酒精饮品,晚餐提供红葡萄酒 酒水定量 菜肴不能重样,要有特色

(续表)

宴会形式：中餐桌餐 日期：2019年×月×日中午、晚上 抵达时间：2019年×月×日 宴会开始时间：中午12:00　　晚上6:00 宴会结束时间：中午1:30　　晚上8:30 地点：××宴会厅 保证人数：200人	

食物：6冷菜8热菜	价格　50元　每位
饮料：红酒1瓶，饮料2种，每桌	价格　10元　每位

杂项收费：无
预计总消费金额：12 000元

预订付款方式：支票	已收订金：2400元

寄账单地址：
宴会预订部主管意见：同意落实
宴会部经理意见：同意落实

附：菜单

团队用餐也要及时记录到宴会预订日记簿中，如表4-1-2所示。

表4-1-2　宴会预订日记簿

_____年_____月_____日　星期_____

厅房	预订	确定	时间	宴会 形式	人数	联系人地址、电话	特别 要求
A			早				
			中				
			晚				
B			早				
			中				
			晚				

任务单一　了解团队用餐预订单

阅读了预订单，你了解了客人的哪些信息呢？请试着填出下面的信息。

序号	项目	内容与要求
1	团队用餐时间	
2	地点	
3	主办单位	
4	标准	
5	人数	
6	主人或主宾身份	
7	菜式品种	
8	酒水准备	
9	收费要求	
10	特殊要求	
11	花卉要求	
12	提示	

信息页二 了解团队用餐的特点

团队用餐，不像宴会服务那样，要求菜肴精致、礼节繁多、服务讲究，也不像零点服务那样，注重推销、灵活应变、相互配合，但要求服务员提供更高的服务质量，灵活、到位地运用服务技巧，执行更规范的服务程序。团队用餐具有如下特点。

1. 用餐标准统一

团队用餐消费水平一般低于宴会客人和零点客人。服务员要了解用餐标准，按标准为客人准备菜单。

2. 用餐品种统一

菜单安排要照顾大多数宾客的饮食习惯，综合考虑厨房的货源情况，安排餐厅特色菜、地方风味菜，做到口味多样、营养丰富、荤素搭配、菜量适中。注意每餐菜肴应不同，各有特色，避免重复。

3. 用餐人数固定

根据就餐人数，提供大小适当的就餐环境，同时安排好就餐的桌椅及各种餐饮用具。按照团队用餐的标准和规格，准备好更换用的餐用具。

4. 用餐时间统一

掌握用餐时间，以便准时开餐，服务人员在规定时间内进行各种接待和服务，合理安排，提高工作效率。

5. 用餐性质突出

团队用餐一般有会议团队用餐、旅游团队用餐、考察团队用餐等。服务员要了解团队用餐性质，了解客人的特点与需求，才能把服务工作做得细致。

6.服务方式统一

团队客人的就餐由于具有以上特点，因此，在服务时要求迅速、及时、规范、一致，以保证每桌上菜及服务的速度是一致的，在规定时间内完成对宾客的各种服务。

任务单二　了解团队用餐的特点

一、调查：团队用餐情况。

调查时间	调查地点	用餐性质	用餐标准	菜肴酒水	服务方式

二、总结归纳团队用餐的特点。

活动二▶ 团队用餐准备工作

充分做好团队开餐前的准备工作，是做好就餐接待服务的保证。你知道如何进行团队用餐的准备工作吗？

信息页　团队用餐准备工作

团队早餐一般采用自助餐形式，午晚餐采用桌餐或自助餐形式。团队自助餐的餐前准备包括：装饰布置好食品陈列台，按规格进行餐桌摆台，备足开餐时所需调味品、餐具，擦试各类餐具、器皿，在开餐前半小时将一切准备工作做好，自助餐台的食品要上齐并加热。

团队桌餐的准备工作包括：了解客源、整理餐厅、准备物品、安排餐桌、摆台、熟悉菜单、摆好冷菜等工作，如表4-1-3所示。

表4-1-3　团队用餐准备工作

准备项目	要求
了解客源	1. 了解团队客人情况，如名称、人数、国籍、开餐时间等 2. 了解用餐客人的不同生活习惯、生活禁忌和特别爱好等
整理餐厅	1. 做好环境卫生 2. 做好餐用具清洁卫生
准备物品	1. 依据桌数、人数，准备餐酒茶具和服务用具 2. 备齐酒水饮料，开餐前1小时将酒水备齐，需要冰镇的放入冰箱，开餐前10分钟左右将酒水取出，码放在工作台上待用
安排餐桌	根据团队人数、身份和用餐标准，设置专用餐厅或餐桌，同一团队的客人应安排在一起，不同团队就餐应适当进行区隔。餐桌餐椅排列整齐，同时应注意保证过道通畅，摆放有序、方便使用
摆台	根据标准进行摆台，备好公用餐具，如图4-1-1所示
熟悉菜单	团队用餐菜单统一，要对菜单非常熟悉，如图4-1-2所示 1. 菜肴名称和上菜顺序 2. 原料构成和制作方法 3. 口味特点和典故传说
摆放冷菜	1. 传菜员应在开餐前10分钟左右传冷菜，如图4-1-3所示 2. 摆放时注意荤素搭配、色彩美观
其他工作	1. 开餐前将米饭、馒头等主食准备好，并做好保温工作 2. 可在开餐前上毛巾，斟倒好调料，提高开餐效率
全面检查	最后进行全面检查，具体要求同宴会前的检查工作

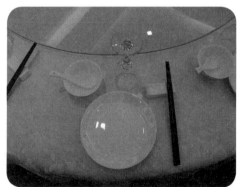

图4-1-1　摆台

图4-1-2　熟悉菜单

图4-1-3　摆放冷菜

知识链接　　　　　**团队用餐服务工作六掌握**

（1）掌握用餐标准。无论是多少人的团队用餐，一般都是统一标准。

（2）掌握就餐人数。团队用餐的人数较为固定，服务人员应按其用餐人数提供适当的环境。

（3）掌握就餐方位。每一用餐团体的用餐方位在开餐前一定要落实，服务人员一定要做到心中有数，以避免出现引领、上菜出错的现象。

（4）掌握用餐时间。掌握好开餐、用餐时间要求，合理安排服务，提高工作效率。

（5）掌握用餐性质。由于用餐性质的不同，前来就餐的人员构成也不相同，服务人员要把工作做到细微之处。

（6）掌握用餐顾客的特殊需要。团队用餐一般人数较多，时间也较长，如果有些宾客需要特殊照顾，服务人员应灵活服务。

任务单　团队用餐准备工作

一、依据团队用餐前的准备项目及要求，小组分工合作进行准备。

准备项目	分工负责	准备情况记录
了解客源		
整理餐厅		
准备物品		
安排餐桌		
摆台		
熟悉菜单		
摆放冷菜		
其他工作		
全面检查		

二、小组交流：准备情况，以及准备过程中出现的问题。

三、模拟召开团队用餐的餐前例会。

任务评价

任务一　团队用餐的准备工作

评价项目	具体要求	评价			
		😊	😐	☹	建议
团队用餐的准备工作	1. 了解团队用餐预订单				
	2. 了解团队用餐的特点				
	3. 掌握团队用餐的餐前准备工作				
学生自我评价	1. 准时并有所准备地参加团队工作				
	2. 乐于助人并主动帮助其他成员				
	3. 遵守团队的协议				
	4. 全力以赴参与工作并发挥了积极作用				
小组活动评价	1. 团队合作良好，都能礼貌待人				
	2. 工作中彼此信任，互相帮助				
	3. 对团队工作都有所贡献				
	4. 对团队的工作成果满意				
总计		个	个	个	总评

在团队用餐的准备工作中，我的收获是：

在团队用餐的准备工作中，我的不足是：

改进方法和措施有：

任务二　团队用餐服务

工作情境

与会宾客陆续来到餐厅，迎宾员热情礼貌地问候客人，引领宾客到相应的餐位就座；值台员也热情地招呼客人，安排客人就座，提供各种餐前服务。服务员们按照各自的分工开始了就餐的服务工作。请你做好此次团队早餐与午晚餐的接待服务工作。

具体工作任务

- 熟悉团队早餐接待服务；
- 熟悉团队午晚餐接待服务。

活动一▶ 团队早餐服务

进行团队早餐服务时，要依据通知单的要求，准备好各种菜肴、主食，收取客人的就餐券，为其提供简单、快捷的自助餐服务。

信息页 团队早餐服务

团队早餐一般采用自助餐形式。自助餐是宾客支付规定数量的钱款后，从餐厅预先布置好的餐台上自己动手任意选择喜爱的菜点，然后在餐桌上享用的一种用餐形式。自助早餐具有菜点丰富、价格低廉、进餐速度较快、人力费用较低的特点。团队早餐在摆台及食品种类方面比午晚餐简单，因而服务程序也较为简单，如表4-2-1所示。

表4-2-1 团队早餐服务

服务程序	服务标准和要求
准备	按照自助早餐准备要求进行准备，如图4-2-1所示
迎领	1. 客人进入后主动与客人打招呼，并向客人问好 2. 收取团队客人的早餐券 3. 为客人拉椅让座，介绍食品菜肴位置
餐间服务	值台服务： 1. 巡视服务区域，随时提供服务 2. 随时撤去台上的空盘 3. 遇有行动不便的客人，应征求意见，帮助其取食物 食品台服务： 1. 整理食品陈列台，以保持台面清洁 2. 及时补充陈列食品，要求菜盘不见底，少于1/3时要及时补充，以免后面的客人觉得菜肴不丰富 3. 注意食品温度，保证热菜要烫，冷菜要凉，并随时整理菜盘中的食品，保持整洁美观，如图4-2-2所示
送客	结束时，要为客人拉椅，然后站在桌旁礼貌地目送客人离开
整理	1. 早餐结束后，汇总就餐人数，为结账做好准备工作 2. 将可回收利用的食品整理好，撤回厨房 3. 妥善保管陈列台的装饰品和设备 4. 做好清洁卫生

图4-2-1　自助早餐准备

图4-2-2　食品台服务

任务单　团队早餐服务

一、填写团队早餐服务程序。

```
          ┌──────────────┐
          │ 团队早餐服务程序 │
          └──────────────┘
                 ├──────────────────────────┐
                 │                          │
                 ├──────────────────────────┤
                 │                          │
                 ├──────────────────────────┤
                 │                          │
                 ├──────────────────────────┤
                 │                          │
                 └──────────────────────────┘
```

二、讨论：团队早餐服务要领有哪些？

一般服务要领　　　　　　　　特殊团队服务或特殊节日服务要领

三、模拟团队早餐自助服务。

评价标准：

1. 团队早餐自助服务程序完整；

2. 团队早餐自助服务规范标准；

3. 团队早餐自助服务语言恰当；

4. 团队早餐自助服务积极主动；

5. 团队早餐自助服务配合默契。

活动二 团队午晚餐服务

早餐接待服务工作通过大家的努力已经圆满完成，下面的午餐和晚餐接待服务将是对大家更严峻的挑战。总结已有经验，以更加细致周到的服务完成接下来的挑战。

信息页 团队午晚餐服务

餐饮行业通常将午晚餐叫作正餐。团队的午晚餐与早餐相比，无论是菜肴的种类还是数量，都更为丰富多彩。因此，服务程序和服务标准要求也复杂得多，如表4-2-2所示。

表4-2-2　团队午晚餐服务

服务程序	服务标准和要求
迎领服务	1. 服务员按各自工作岗位站立就位，恭候宾客到来 2. 问候客人，迎宾员热情招呼客人，微笑问好 3. 识别团队，迎宾员礼貌询问，辨认团队，及时引领，避免拥挤堵塞，防止坐错餐位
餐前服务	1. 按餐前服务标准和要求为宾客服务餐巾、撤筷子套、撤花瓶，斟倒茶水或饮料 2. 核对客人就餐人数，征得旅游团领队或会议组织者的同意后，迅速通知厨房出菜
餐中服务	1. 每道菜上完后主动介绍菜肴名称、特点，菜上齐后告知客人 2. 进餐过程中要勤斟酒，勤更换餐用具，及时整理餐台 3. 随时掌握客人的需要及进餐速度
结账服务	1. 会议用餐：餐毕将账单整理好后请大会秘书处的负责人签字并交至收银台；如使用餐券用餐，则应将餐券整理、清点、汇总登记、封包后交收银台 2. 旅游团用餐：餐毕将其用餐账单整理好后请订餐单位的陪同人员或随团的地方负责人签字并交至收银台，收银台核对无误后转入该旅行社在酒店所设的总账中，以备定期统一结账 3. 注意物品上账清楚，数量准确，结账及时，不留单、不压单，以便及时汇总结账，防止出现错单、丢单
送客服务	1. 客人用餐完毕，服务员要站立恭候，随时送客 2. 客人离席后，要及时整理餐台，检查是否有遗留物品，一经发现应及时、妥善处理
餐后整理	1. 宾客离开餐台后，应及时将餐台上的餐用具清理干净 2. 撤台顺序应是先撤餐巾、毛巾，而后撤酒杯、小件餐具等 3. 台面撤净后换铺台布，整理清扫餐厅卫生，为下一餐工作打下良好基础

服务链接　　团队用餐注意事项

（1）注意饭菜保温，客人到齐后再上菜。

（2）客人要求就餐标准以外的菜肴酒水时，要说明收费另加，及时为客人服务。

(3) 客人有特殊要求的要尽量满足。

(4) 对住店时间较长的客人，每餐要提供不同的菜肴。

(5) 及时巡台，若遇外宾不会使用筷子，要及时递上刀、叉、勺等餐具。

任务单　团队午晚餐服务

一、填写团队午晚餐服务程序。

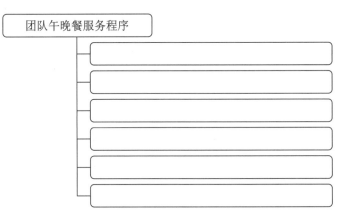

二、讨论：团队午晚餐服务要领有哪些？

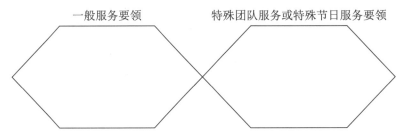

三、模拟团队午晚餐服务。

评价标准：

1. 团队午晚餐服务程序完整；

2. 团队午晚餐服务规范标准；

3. 团队午晚餐服务语言恰当；

4. 团队午晚餐服务积极主动；

5. 团队午晚餐服务配合默契。

任务评价

任务二　团队用餐服务

评价项目	具体要求	评价			建议
		☺	😐	☹	
团队用餐服务	1. 熟悉团队早餐接待服务				
	2. 熟悉团队午晚餐接待服务				
学生自我评价	1. 准时并有所准备地参加团队工作				
	2. 乐于助人并主动帮助其他成员				
	3. 遵守团队的协议				
	4. 全力以赴参与工作并发挥了积极作用				
小组活动评价	1. 团队合作良好，都能礼貌待人				
	2. 工作中彼此信任，互相帮助				
	3. 对团队工作都有所贡献				
	4. 对团队的工作成果满意				
总计		个	个	个	总评

在团队用餐服务工作中，我的收获是：

在团队用餐服务工作中，我的不足是：

改进方法和措施有：

送餐服务

　　送餐服务是酒店为了方便客人、增加收入、减轻餐厅压力而提供的服务项目。住店客人点菜和饮料，由送餐部员工将食品饮料送到客人房间，客人在房间里用餐。送餐部需要与厨房部、前厅部、客房部密切配合，以确保服务质量能够满足甚至超出客人的期望。五星级酒店如果不能提供24小时客房送餐，那么餐厅的服务时间一般应不少于18小时。

　　随着社会的进步与发展，诸多餐饮企业也在转型，线上订餐、线下送餐发展迅速，成为中餐服务的新项目。

　　在送餐服务单元的学习中，应学会如何规范地做好送餐服务工作，了解外卖送餐的操作流程等。

送餐准备

工作情境

高星级酒店送餐部一般设置在厨房和服务电梯附近，以便确保出现在客房送餐菜单上的各种菜肴酒水都可以为客人迅速提供。送餐服务员接到了宾客的订餐预订，应马上开始准备餐车等各种服务用品，做好送餐的各项准备工作。

具体工作任务

- 熟练填写客房送餐预订单，熟悉客房送餐预订服务；
- 熟练做好客房送餐准备工作；
- 了解外卖送餐准备工作。

活动一 **客房送餐预订服务**

客房送餐服务(Room Service)是指根据客人要求在客房中为客人提供的餐饮服务。它是四、五星级酒店为方便客人、增加收入、减轻餐厅压力、体现酒店等级而提供的服务项目。

随着社会的进步，大部分酒店对送餐服务这一概念进行了重新诠释，如引进大名鼎鼎的厨师、概念餐厅，精心制作酒店菜单、数字客房菜单、网上订餐以及提供自助送餐服务等，为客人提供更加高质量、便捷的餐饮服务。如果你是送餐部的员工，在你当班时接到了一位客人的预订电话，你该怎么接待呢？

信息页 **客房送餐预订服务**

传统的客房送餐服务预订是通过电话完成的，也是送餐部工作人员服务的基本技能之一，如今通过软件或平台预订正在成为餐饮发展的方向之一。

电话是客房送餐服务部员工与订餐宾客接触的途径之一，出色的电话技巧是创造良好第一印象的关键，如表5-1-1所示。

表5-1-1　客房送餐电话预订服务

电话预订程序	操作标准及要求
问候客人	1. 电话铃响3声之内接听，礼貌问候客人 2. 介绍部门和自己，礼貌称呼客人

(续表)

电话预订程序	操作标准及要求
接受点餐	1. 边与客人通话，边在点菜单上记录客人所点内容，注意房间号 2. 认真倾听客人需求，解答问题，推荐特色食品，记录订餐情况(房间号码、订餐内容、用餐时间、特殊需求等) 3. 若客人所点菜肴不在菜单之列，应灵活应对并提供必要帮助
重复菜单	1. 重复客人点餐内容 2. 澄清所有的疑问 3. 告知客人送餐大约时间，不要让客人等候30分钟以上
检查记录	检查记录是否清楚准确，包括接单时间等，如表5-1-2所示
落单下厨	将点菜单输入POS机，迅速下达到客房送餐部和厨房等有关部门

不是所有的客房送餐服务预订均通过电话预订完成，也有可能客人在睡觉前将早餐预订写在单子上并挂在门把手上，等待服务人员来取，这也是常见的预订方式。这样的点菜单在必要时也需要核对和确认，准确下单同样重要。

还有的客人会通过数字客房菜单、网上订餐等方式预订，这也需要按照程序进行查询、确认。

表5-1-2　客房送餐预订单

Reservation List/餐饮预订单

Name/客人姓名＿＿＿＿＿＿　　Phone/客人电话＿＿＿＿＿＿

Room Number/房号＿＿＿＿＿　　Meals/用餐时间＿＿＿＿＿＿

点餐情况(有无特殊需求)：

＿＿＿＿例＿＿＿＿＿＿＿＿＿＿＿＿＿＿＿＿＿

＿＿＿＿例＿＿＿＿＿＿＿＿＿＿＿＿＿＿＿＿＿

＿＿＿＿＿＿＿＿＿＿＿＿＿＿＿＿＿＿＿＿＿＿

Payment/账单支付方式：

□Cash/现金　□Charge to/记账　□Credit/信用卡　□Check/支票

Reservationist/预订员＿＿＿＿＿　　Date/预订日期＿＿＿＿＿

任务单　客房送餐预订服务

一、填写客房送餐电话预订服务程序。

客房送餐电话预订服务程序

二、讨论：客房送餐电话预订服务要领有哪些？

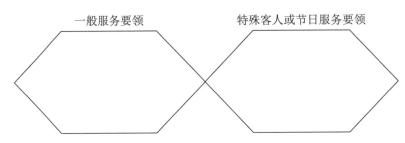

一般服务要领　　　　　　　　　特殊客人或节日服务要领

三、模拟客房送餐电话预订服务。

评价标准：

1. 客房送餐预订服务程序完整；

2. 客房送餐预订服务规范标准；

3. 客房送餐预订服务语言恰当；

4. 客房送餐预订服务准确无误。

活动二 ▶ **客房送餐准备**

接到宾客的预订后，要及时进行客房送餐前的准备工作，赶紧行动吧！

信息页 **客房送餐准备**

送餐准备工作是否全面无遗漏，直接关系到送餐服务质量和服务效率。客房送餐准备工作从接到预订单开始着手，要全面及时，具体如表5-1-3所示。

表5-1-3　客房送餐准备

准备项目	要求
准备餐车和托盘	1. 选择合适的托盘或餐车，如图5-1-1所示 2. 根据人数、食品和服务类别(正餐和便餐)进行准备 3. 设备干净无破损，餐车灵活移动
准备服务餐用具	1. 准备相应的保温用具，餐盘盖、加热器或保温盒等 2. 按人数准备餐巾或餐巾纸 3. 准备酒水、酒起等用具 4. 餐具摆放要求有美感，注意平和稳定
准备账单、笔	1. 确认账单内容正确无误 2. 账单、笔或刷卡器必须同食品饮料一起送到客人房间

(续表)

准备项目	要求
准备食品菜肴	1. 摆放食品饮料，检查食品酒水温度、分量、视觉效果等 2. 食品从取出到送达的过程中必须设法保温，如图5-1-2所示
检查	1. 检查服务用具、食品酒水和记账单在内的所有物品 2. 不能耽搁时间

图5-1-1　准备餐车

图5-1-2　准备食品菜肴

 任务单　客房送餐准备

一、依据客房送餐准备的项目及要求，小组内分工合作进行准备。

准备项目	分工负责	准备情况记录
准备餐车和托盘		
准备服务餐用具		
准备账单、笔		
准备食品菜肴		
检查		

二、小组交流：准备情况，以及准备过程中出现的问题。

活动三　外卖送餐准备

近年来，"互联网+餐饮"为大众生活带来了诸多改变，外卖服务市场迅猛发展，但配送服务水平等参差不齐，服务体验不足以满足客户需求。如果你是外卖送餐的员工或管理人员，该怎样提供服务呢？

信息页 外卖送餐准备

一、外卖

外卖一般分为两种，一种是客人到店点餐付款并打包带走，一种是互联网或电话订餐送餐。通常情况下，外卖是指以互联网或电话为媒介，连接用户与线下餐饮、零售或服务类企业，借助互联网或电话信息平台，以资源整合为核心，以用户需求为导向，为用户提供丰富的商品或服务信息及便捷的非现场购买服务，使用户可以足不出户进行线上订餐或订购商品，并享受对应的服务。

二、外卖送餐准备

外卖的兴起，与外卖平台是分不开的。互联网改变了人们的消费行为和习惯。传统餐饮商家需要积极地转型，利用互联网外卖平台的流量和资源，实现"线上+线下"相结合的发展。外卖送餐服务需要进一步规范，按照一定的流程和标准要求进行操作，从而提升行业的服务质量，具体如表5-1-3所示。

表5-1-3　外卖送餐准备

外卖送餐准备流程	操作标准及要求
下单	1. 用户通过外卖平台向商户下单 2. 线上支付或线下支付
商户确认订单	1. 商户在用户下单10分钟内确认订单 2. 确认订单后即刻根据订单要求制作餐品
接单	1. 外卖配送员在外卖平台派单后5分钟内接单 2. 若未及时接单，由外卖平台在5分钟内电话提醒；之后仍未接单的，由站长联系；无法及时接单的，则由平台联系站长改派
取餐	1. 确认到达：接单后即刻前往，到达商户后在外卖平台确认 2. 有序取餐：携带配送箱有序取餐，如图5-1-3所示，不喧哗、不影响客人就餐，配送箱不能置于地上 3. 核对餐品：向商户工作人员报述订单信息，出餐后核对内容、数量、金额等信息，线下支付的订单由配送员向商户付款 4. 当面封装：汤羹饮料放入杯托中，冷热餐之间用隔温板隔开，防止洒漏，双方当面封口并签字确认，如图5-1-4所示

图5-1-3 有序取餐

图5-1-4 封装餐品

知识链接

外卖客服岗位

"互联网+"改变了人们的生活方式，而其体现最明显的就是外卖领域。在每一份外卖订单背后，都有外卖客服员提供的服务。作为电商新职业，外卖客服员要处理每一个电话求助，协调每一件消费纠纷，解决客户消费时遇到的难点、痛点、堵点，让用户吃上放心的外卖。客服员要保护客户、商户及外卖配送员等各方的合法权益，不仅要帮助用户解决实际问题，还要将用户的消费体验反馈给平台，推动平台改善客户体验。

电商发展已告别粗放式竞争，进入精细化发展的新阶段。客服水平一定意义上决定着电商的美誉度及用户黏性。

任务单 外卖送餐准备

一、填写外卖送餐准备服务程序。

```
外卖送餐服务程序
    ├─ [                    ]
    ├─ [                    ]
    ├─ [                    ]
    └─ [                    ]
```

二、讨论：外卖送餐准备工作中应注意哪些问题？

三、模拟外卖取餐服务。

评价标准：

1. 取餐服务程序完整；

2. 取餐服务规范标准；

3. 取餐服务语言恰当；

4. 取餐服务准确无误。

任务评价

任务一 送餐准备

评价项目	具体要求	评价			
		😊	😐	☹️	建议
送餐准备	1. 熟练填写客房送餐预订单，熟悉客房送餐预订服务				
	2. 熟练做好客房送餐准备工作				
	3. 了解外卖送餐准备工作				
学生自我评价	1. 准时并有所准备地参加团队工作				
	2. 乐于助人并主动帮助其他成员				
	3. 遵守团队的协议				
	4. 全力以赴参与工作并发挥了积极作用				
小组活动评价	1. 团队合作良好，都能礼貌待人				
	2. 工作中彼此信任，互相帮助				
	3. 对团队工作都有所贡献				
	4. 对团队的工作成果满意				
总计		个	个	个	总评

在送餐准备工作中，我的收获是：

在送餐准备工作中，我的不足是：

改进方法和措施有：

任务二 送餐服务

工作情境

送餐各项准备工作有条不紊地准备完毕，作为送餐工作人员，请按照送餐服务标准和要求，迅速、规范、准确地完成此次送餐服务工作。

具体工作任务

- 熟练进行客房送餐服务；
- 了解外卖送餐服务；
- 熟练进行收餐服务。

活动一 客房与外卖送餐服务

做好了送餐前的准备工作，请继续完成送餐服务任务吧！

信息页一 客房送餐

送餐服务员应熟悉客房分布情况，迅速、准确、及时地为宾客送餐，如表5-2-1所示。

表5-2-1 客房送餐服务

送餐程序	操作标准及要求
送餐入房	1. 在送餐途中，保持平稳，避免食品或饮品溢出，应加盖确保食品卫生 2. 安静地走到门口，核实客人房间号码，敲门3声或按门铃，报"Room Service"，客人同意后，方可进房 3. 对于重要客人，应由领班陪同，提供相关服务
房内服务	1. 客人开门后，主动问候，询问是否可以进入房间，得到客人允许后进入房间并致谢 2. 如遇客人着装不整，送餐员应在门外等候，等客人穿好衣服后再进房送餐 3. 进入房间后，询问用餐位置，按要求放置，如图5-2-1所示 4. 对托盘内或餐车内的物品作出说明，并进行菜肴酒水规范服务，如图5-2-2所示 5. 进房后应征询客人用餐位置的选择及餐具回收的时间 6. 询问客人还有何需求 7. 如果是早餐，询问是否需要打开窗帘
结账退出	1. 双手持账单夹，将账单递给客人，收取现金或签单，或刷卡 2. 向客人说明餐具押金和清理程序 3. 询问客人有无其他需要，礼貌地向客人道别，退出房间

图5-2-1　询问用餐位置　　　　　　　图5-2-2　规范说明菜肴

知识链接　　　　　　　　　　客房送餐礼仪规范

《中国饭店行业服务礼仪规范》中要求：

(1) 送餐车应干净整洁，符合卫生要求。车轮转动灵活，推动方便，无噪声。餐具应与食物匹配，干净、整齐、完好。

(2) 送餐员应站在离餐车一定距离处介绍菜品。送餐完毕，祝客人用餐愉快。

(3) 送餐时，如遇客人着装不整，送餐员应在门外等候，等客人穿好衣服后再进房送餐。

任务单一　客房送餐服务

一、填写客房送餐服务程序。

> 客房送餐服务程序
> - _____
> - _____
> - _____

二、讨论：客房送餐服务要领有哪些？

一般服务用语　　　　　　　特殊宾客服务或节日服务要领

三、模拟客房送餐服务。

评价标准：

1. 送餐服务程序完整；

2. 送餐服务规范标准；

3. 送餐服务语言恰当；

4. 送餐服务及时迅速；

5. 送餐服务安全平稳。

信息页二 外卖送餐

外卖送餐服务顺应当前消费理念和社会发展的新形势，因而被赋予广阔的发展空间，成为目前最具上升潜力的优秀业态之一。

一、外卖送餐服务

外卖送餐要求送餐员熟悉、迅速、准确、及时地为宾客提供送餐服务。网络外卖订餐服务涉及环节较多，要增强服务的规范化和主动性，以满足消费者的用餐需求，让消费者享受安全卫生的订餐服务，如表5-2-2所示。

表5-2-2　外卖送餐

送餐程序	操作标准及要求
停车敲门	1. 到达订单指定位置，停车后携带配送箱上门送餐，如图5-2-3所示 2. 到达用户门口，礼貌敲门，无人应答，则短信或电话联系用户 3. 不得进入用户家中
递送核对	1. 开门后，双手递餐，向用户报述订单信息，当面核对餐品，如图5-2-4所示 2. 如是线下支付的订单，需要当面结清，核对无误后致谢离开 3. 不得索取小费、调侃用户

图5-2-3　携带配送箱上门送餐

图5-2-4　核对餐品

二、特殊情况处理

外卖送餐过程中会遇到各种情况，需要送餐工作人员灵活应变、妥善处理，才能使用户满意，如表5-2-3所示。

表5-2-3　外卖特殊情况处理

特殊情况	操作标准及要求
送餐异常处理	1. 取餐后联系不上用户，应在外卖配送信息技术服务平台登记 2. 因食品倾洒、送错或漏送导致用户退餐，应向站长报告，由调度人员备注处理 3. 取餐后接到用户电话要求取消订单，应电话联系调度人员，由调度人员联系用户核实并处理
紧急事件应对	1. 送餐过程中遇突发情况，如身体不适、交通事故等，应在外卖配送服务信息技术服务平台上登记 2. 若有订单未完成，应及时联系店长改退

知识链接　　　　　　　　**外卖服务质量提升途径**

(1) 建立投诉处理系统。

(2) 开展服务质量评价，建立服务质量评价体系，开展内外部评价。

(3) 分析评价结果，制定措施，持续改进，不断提升外卖服务质量。

任务单二　外卖送餐服务

一、填写外卖送餐服务程序。

二、思考外卖送餐服务礼貌用语有哪些？

一般服务用语　　　　　　特殊宾客服务或节日服务要领

三、讨论：外卖送餐服务人员应遵循的职业道德规范有哪些？

活动二　收餐服务

做什么事情都应该有始有终，刚刚你已成功完成了上一个阶段的任务，是不是还应该把收尾工作做好呢？

信息页　收餐服务

收餐服务要及时，特别是客人放到房间门口的餐用具，要及时清理干净，如表5-2-4所示。

表5-2-4　收餐服务

收餐方式	操作标准及要求
房间收餐	1. 检查订餐记录，确认房间号码 2. 在早餐30分钟后打电话收餐，午、晚餐60分钟后打电话收餐(打电话时应先问候客人，报告身份，询问客人是否用餐完毕) 3. 礼貌敲门，客人开门后，主动问候，得到客人允许后进入房间并致谢 4. 迅速整理餐盘和餐车，检查是否有客人物品混在其中 5. 询问客人是否有其他要求，再次祝客人住店愉快，礼貌道别 6. 将餐具送去清洗，将餐车等物品清洁干净 7. 收餐完毕，详细记录，同时，收餐服务时应注意安全、讲究卫生
楼层收餐	1. 如果客人将餐用具放到房间门口，客房服务员发现后，要及时通知客房送餐部 2. 迅速、安静地清理楼道餐用具 3. 收餐完毕，详细记录 4. 客房部与客房送餐部要协调配合

知识链接　收餐后的清洁与整理

（1）收餐后，服务员应将托盘和餐车送到清洗区，把残羹剩饭处理掉，并将服务用具清洗干净。

（2）干净的托盘和餐车要妥善保存到客房送餐部的专用配餐室内，检查所有物品的存放数量是否与标准存货量一致。

任务单　收餐服务

一、填写收餐服务方式。

```
┌─────────────────┐
│   收餐服务方式    │
└─────────────────┘
    ├──┌─────────────────────────┐
    │  └─────────────────────────┘
    └──┌─────────────────────────┐
       └─────────────────────────┘
```

二、讨论：收餐服务要领有哪些？

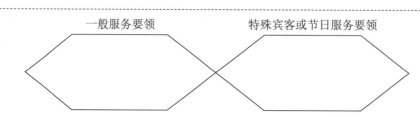

一般服务要领　　　　　　　特殊宾客或节日服务要领

三、模拟收餐服务。

评价标准：

1. 收餐服务规范标准；

2. 收餐服务语言恰当；

3. 收餐服务及时迅速；

4. 收餐服务安全平稳。

任务评价

任务二　送餐服务

评价项目	具体要求	评价			建议
		☺	😐	☹	
送餐服务	1. 熟练进行送餐服务				
	2. 了解外卖送餐服务				
	3. 熟练进行收餐服务				
学生自我评价	1. 准时并有所准备地参加团队工作				
	2. 乐于助人并主动帮助其他成员				
	3. 遵守团队的协议				
	4. 全力以赴参与工作并发挥了积极作用				
小组活动评价	1. 团队合作良好，都能礼貌待人				
	2. 工作中彼此信任，互相帮助				
	3. 对团队工作都有所贡献				
	4. 对团队的工作成果满意				
总计		个	个	个	总评

在送餐服务工作中，我的收获是：

在送餐服务工作中，我的不足是：

改进方法和措施有：

参考文献

[1] 刘根华，谭春霞. 宴会设计[M]. 重庆：重庆大学出版社，2009.

[2] 孙娴娴. 餐饮服务与管理综合实训[M]. 北京：中国人民大学出版社，2014.

[3] 樊平，李琦. 餐饮服务与管理[M]. 北京：高等教育出版社，2012.

[4] 劳动和社会保障部中国就业培训指导中心. 餐厅服务员[M]. 北京：中国劳动社会保障出版社，2001.

[5] 邹薇. 餐饮基础服务[M]. 重庆：重庆大学出版社，2008.

[6] 沈建龙. 餐饮服务与管理[M]. 北京：中国人民大学出版社，2009.

[7] 宋春亭，李俊. 中西餐饮服务实训教程[M]. 北京：机械工业出版社，2008.

[8] 何强. 中餐服务[M]. 北京：中国人民大学出版社，2007.

[9] 姜玲，贺湘辉. 中餐服务员工作手册[M]. 广州：广东经济出版社，2007.

[10] 饶雪梅. 餐饮服务实训教程[M]. 北京：科学出版社，2007.

《中等职业学校酒店服务与管理类规划教材》

西餐与服务（第2版）

汪珊珊 主编　刘畅 副主编
ISBN：978-7-302-51974-4

中华茶艺（第2版）

郑春英 主编
ISBN：978-7-302-51730-6

会议服务（第2版）

高永荣 主编
ISBN：978-7-302-51973-7

咖啡服务（第2版）

荣晓坤 主编　林静 李亚男 副主编
ISBN：978-7-302-51972-0

调酒技艺（第2版）

龚威威 主编
ISBN：978-7-302-52469-4

酒店服务礼仪（第2版）

王冬琨 主编　郝璨 张玮 副主编
ISBN：978-7-302-53219-4

中餐服务（第2版）

王利荣 主编　刘秋月 汪珊珊 副主编
ISBN：978-7-302-53376-4

前厅服务与管理（第2版）

姚蕾 主编
ISBN：978-7-302-52930-9

客房服务（第2版）

赵历 主编
ISBN：978-7-302-54147-9

葡萄酒侍服

姜楠 主编
ISBN：978-7-302-26055-4

酒店花卉技艺

王秀娇 主编
ISBN：978-7-302-26345-6

雪茄服务

荣晓坤 汪珊珊 主编
ISBN：978-7-302-26958-8

康乐与服务

徐少阳 主编　李宜 副主编
ISBN：978-7-302-25731-8